投資分析師媽媽的

딸아, 돈 공부 절대 미루지 마라

財富
思維課

有錢才能有底氣活著！
幫助打好金錢觀，活用每一筆錢。

朴昭娟 著　余映萱　譯

各界好評

幾年前，聽說作者要出書時，我就滿心期待，等待的時間卻比想像中漫長。當我讀完這本書的完稿後，我終於明白為什麼作者要花這麼長的時間來完成這本書。本書是作者寫給她獨一無二的寶貝女兒，想必一定苦思許久。不管經濟情況是好是壞、不管股市是漲是跌，這本書收錄的是無論何時都適用的原則，書中的每一字、每一句都可以感受到作者費心整理的痕跡。多虧了作者的用心，我們才有機會閱讀到這本紮實可靠的書。對於眾多因股市動盪而感到焦慮的「女兒們」而言，這本書無疑會成為穩健的靠山。

—— 金永益，西江大學經濟學院教授

大概是在 2005 年左右吧！我讀了大信證券發表的市場分析報告，覺得很有趣。它的內容很有深度、主題很創新，報告的文字也很流暢，令人印象深刻。這份報告與汝矣島證券交易區域那些長篇大論的報告，有著顯著的不同。那份報告的作者名字是朴昭娟，讓我產生很想與她共事的念頭。當我與她見面、挖角她時，很感謝她欣然接受了我的邀約。

作者是一位具有洞察力的分析師，不僅擁有深入的分析能力，還具有難得一見的人文素養。我之所以對這位後輩滿懷敬

意，不單單因為她是一位出眾的分析師，更因為她是一位「好同事」。即便很資深，她卻依然在前線全力投入，不藏私地關愛後輩。此外，她對世界的變遷充滿好奇心，不斷勤奮學習、認真生活，因此她總是能寫出一手好文。身為有 22 年資歷的投資分析師，她在書中不僅充分闡明了投資者應具備的態度和基本常識，也傳授了從自身經驗悟出的職場智慧。如果有人正在苦惱是否要買股票，我建議可以先閱讀本書。這本書擁有對生活深刻的洞察力，閱讀起來樂趣無窮。

—— 金學均，信榮證券研究中心主任

身為作者的粉絲，我讀過許多她的分析報告，受益匪淺。這本書蘊含了作者想傳達的一切訊息，閱讀本書的讀者肯定會感到驚豔不已。因為本書綜合了 20 多歲的社會新鮮人、尚未變為成熟大人的 30 歲，直至「不惑」的 40 歲都可以閱讀的內容。無關乎讀者的年齡或現況，想必每個人都能在書中體驗到與投資分析師「朴昭娟媽媽」或「朴昭娟姐姐」面對面談論「金錢」的寶貴時光。別說南韓了，找遍全世界也很難找到像作者這般能夠提供如此現實金錢建言的女性導師，因此我更加榮幸能閱讀到這本書。我想向那些總是詢問「我應該買哪支股票？」的讀者推薦這本書。

—— 金孝珍，前 KB 證券研究中心宏觀部門主管

作者序
要有錢，才能有底氣活著

　　親愛的女兒，如妳所知，我的婚禮上沒有母親出席。21 歲那年的某一天，我的母親罹患了惡性淋巴瘤，僅僅過了 10 個月就離世了。雖然我知道總有一天會與母親告別，但我沒想到這一刻會來得如此之快。在好長的一段時間中，我無法接受母親離去的事實，這使我在困惑和徬徨中度過了憂鬱的 20 幾歲。我生命中每一個重要時刻，永遠都無法有母親參與，這一點最令我難以承受。

　　幸運的是，在我遇見妳爸爸，結婚並生下妳和弟弟後，我的傷口逐漸癒合。不過，偶爾當我看著妳的時候，會讓我想起母親。我不禁想像，倘若我也像母親一樣很早離開這個世界，妳該怎麼辦？我不想讓妳承受那般的悲傷。

　　母親離世的年紀是 46 歲。我曾經以為我的 46 歲永遠不會

到來，但就連我也活到這個年紀了。我的年紀，也是母親離世的年紀。現在我終於明白了，世界上沒有永恆存在的人事物，任何人都可能毫無預警地與世界道別，我能做的就是盡可能地活出沒有遺憾的生活。

我寫下這本書的動機正是如此。我覺得自己應該及時將想對妳說的話寫下來，不要拖到以後。雖然我的情感表達很生疏，但我可以將平時無法講出口的話，寫成文字告訴妳。開始提筆後發現，有些內容是我過度擔心、有些是無用的嘮叨，有些事情連我自己都做不到卻還要求妳，於是我寫了又刪，刪了又寫，反覆修改了許久。這本書集結了我多年來想要告訴妳的，關於金錢和人生的故事。

在過去擔任分析師的 20 多年中，我見證了一夜致富者、事業有成的白手起家型富者、透過投資房地產或股票賺錢的資產管理型富者等眾多富人的誕生。另一方面，我也見證了一些將全部資產都投入股票，然後一夜之間破產的人們。我也在積攢財富的過程中，經歷了許多失敗。這個過程有時很愉快，有時卻痛苦不堪。未來還會有好幾次的市場漲跌等待著我們。

未來妳會出社會、在職場學習，然後也可能會經歷結婚、生子等人生旅程。**有錢無法保證人生一定會幸福；但若沒有錢，就連主張幸福的權利都很難獲得。**「金錢」甚至能定義人生的價值。因此，無論何時，都不應該放棄累積財富，也不該

停止研究這一塊。經濟獨立就等同於生活獨立，能夠為妳奠定理想人生的基石。

▶ 女人不論到了幾歲，都該有自己的資產

有這麼一說：女人超過 40 歲後，最後悔的通常不是結婚與否，而是沒有建立起自己的「資產」。40 歲通常是職場全盛期，有很多人會在這個階段尋找到各種新機會，能做的工作也變得更多。然而，人在這個年紀時，也會切身感受到自己在職場上發光發熱的時間不多了。因此，用各種形式累積資產的人，與沒有累積資產的人相較，40 歲的生活將會呈現極大的質與量的差異。

此外，現在是物價飆漲的通貨膨脹時代。即使妳待在原有的崗位認真過生活，薪水的價值依然不斷流失。在這個時代，光靠定存不足以抵抗物價的漲幅；就算薪水有調升，其實也不等於生活水準提升。

因此，如果妳不想等到 40 歲過後開始後悔，如果不想讓自己的 40 歲生活變得很寒酸，那麼就該從現在開始學習金錢管理。若想度過理想中的生活，需要認真地思考，自己需要多少資金？要用什麼方法累積到這些錢？以及該如何明智地使用這些錢。若妳能在思索的過程中建立起自己專屬的原則並忠於實

踐，那麼妳將會很自然地迎接「經濟獨立」的日子。這個意思是，妳將不再因金錢感到氣餒，而是能充滿底氣地活著。

當然，妳也可以什麼都不研究，就直接進行投資。假設妳運氣很好，也許還能賺到一兩次錢。但是，對於一個毫無準備的人，他身上的運氣通常很快就會煙消雲散。還有，即使一開始因為運氣好而賺到錢，也很容易誤以為那是出於自己的能力，而在下一波股市下跌時，損失投資的所有資金。因此，與其盲目地投資，不如先研究金錢，掌握世界運作的脈絡。

希臘神話中的財富之神「普路托斯」（Plutus）被描述成一位看不見前方的盲人。這是宙斯刻意為之，以確保財富能被公平地分配。然而，由於普路托斯雙眼看不見，無法區分認真生活和沒有認真生活的人，只能隨意分發錢財。結果，財富過分集中在某些人身上，某些人的錢財則過於短缺，普路托斯因此被人們厭惡。然而，在周圍人們的努力之下，普路托斯終於睜開了眼睛，財富重新被公平地分配。

有時候，賺錢會變得出奇容易，輕鬆到讓人難以置信；但同樣地，錢也可能輕而易舉地失去，讓人措手不及。金錢的本質就是如此。然而，只要妳深入研究金錢，掌握治理金錢的心法，那麼妳的財富就不會輕易被奪走。財富之神最終會給妳相應的回報。

無論妳選擇何種投資方法，我都希望妳不要讓辛苦賺來的

錢化為烏有。損失金錢的經驗固然會深深烙印在心中，但妳依然需要花好幾年才能挽回失去的資本。年輕時的一年光陰，相當於年邁時的十年，年輕的歲月如黃金般珍貴。如果要用這些時間來彌補失去的資本，豈不是太可惜了嗎？因此，這本書並未記載快速投資賺錢的祕訣，或迅速致富的捷徑。即使某些話現在聽起來很合理，但市場總是變幻莫測，財富之神的雙眼看不見前方，也有可能不小心錯過妳。

　　因此，我想告訴妳的是，無論市場好壞都適用的基本投資原則。這些原則是我在過去 20 多年擔任投資分析師期間，觀察無數投資者及自己不斷試錯摸索後得出的心法。如果妳能將這些原則內化，妳將不會因金錢而感到氣餒，而是能充滿底氣地活著。

　　不管妳現在的生活樣貌如何，擁有多少錢就會獲得多少保障。因此，儘早開始研究金錢吧！掌握世界的脈絡和金錢的流向後，再決定妳的金錢去向吧！倘若這本書能讓妳在挫折時獲得重新站起的勇氣，盡可能減少失敗，並成為妳研究金錢的啟蒙之書，那麼我將別無所求。

珍愛妳的母親

目次

Chapter 1

為什麼一定要理財？

Chapter 2

一定要懂的金錢心理學

Chapter 3

有錢人都這樣賺錢

Chapter 4

想變有錢，一定要知道的 6 個關鍵字

Chapter 5

不藏私！22 年投資經驗完整分享

Chapter 6

關於工作及人生，這些原則不能忘

Chapter 1

為什麼一定要理財？

只信任定存，結果變得更加貧窮

在 1980 年代，南韓的定期存款利率為 12 至 13%。就算只將 1000 萬韓元（編按：以 2024 年 11 月為準，匯率為 1 韓元＝0.02309 新台幣，1000 萬韓元約新台幣 23 萬 912 元，讀者可依此匯率自行換算書中金額。但因本書大多是談觀念，不換算也不影響閱讀。後文若有特殊情況，會再以編按說明）定存 1 年，至少也可以賺取 120 萬韓元的利息；如果將 1 億韓元放進定存，就可以賺取 1200 萬韓元；而將 10 億韓元放進定存，則可以賺取 1 億 2 千萬韓元的利息。因此，根本不需要特別另外學習投資，只需努力當個上班族、有穩健的儲蓄，自然而然就可以為退休生活做好準備。

　　然而，到了 2000 年代初期，存款利率降到 10% 以下，直至 2020 年新冠疫情爆發後甚至下降到 0.5%。即使將 1000 萬韓元交給銀行，一整年下來的利息也只有 5 萬韓元。儘管在去年年末曾有升息，銀行利率一度上升到 5%，但很快又下降到 3%。就算將薪水省著用，若只有儲蓄根本就不夠用，這樣的時代已經來臨。

　　即使如此，仍然有許多人對投資心懷恐懼。每當聽聞別人投資股票後慘賠，買了房子但因房貸利息太高而負荷不了的故事時，他們便在心中暗自慶幸：「看吧！好險我沒有買股票、也沒有投資不動產，貪心會害死人啊……」他們認為多虧自己什麼都沒做，才能守住錢財。

　　但是，他們忽略了一點。**正因為他們什麼都不做，導致金錢的價值在此時此刻依舊持續貶值**。以結果來看，這並不算是守住錢財。

　　假設「薪水漲了 4%，物價漲了 6%」，那麼實際上你賺的錢比去年還要少。因為買同樣的東西需要花費更多的錢，支出變得更多。去超市時，只買少數幾樣東西卻需要花上 10 萬韓元，這種情況屢見不鮮。雖然薪水明顯提高了，但也會明顯感受到，想用那筆錢來應付生活變得更加困難，儲蓄下來的錢當然也會減少。存錢變得困難，文化生活和興趣活動自然也會受到限制而導致生活品質下降。原本還可以偶爾享受自由的生

活，卻逐漸被不幸的陰影籠罩。

　　然而，更大的問題在於，由於經濟蕭條，許多公司僅提高了 2 至 3% 的年薪，或者以「公司營運困難」為由而凍結薪水。倘若年薪凍結，物價通膨率卻上升 6%，就會直接對家庭生計造成莫大的打擊。收入沒有增加但物價上漲，導致支出和消費增加，家庭收支出現赤字。

　　倘若在購買房屋的過程中有貸款，問題會變得更嚴重。直到 2021 年，南韓的存款利率接近為零，貸款利息則為 2.5%，但現在利率已上升至 3.5%，貸款利息甚至一度飆升至 7%，然後再下降至 4 至 5%，與 2021 年相比，現在的貸款利息仍然高出大約兩倍，假設貸款了 4 至 5 億韓元，每個月光利息就要多支付 100 萬韓元。

　　從 2022 年開始，因高物價和高利率而出現通貨膨脹（Inflation）的現象，至今不僅沒有結束的跡象，反而呈現「長期通膨」的趨勢。在這個時代，毫無作為並不能守住金錢，反而會使自身擁有的錢的價值下跌、支出增加。如果什麼都不願意嘗試，只會變得越發貧窮。

　　「通貨膨脹」是指貨幣的價值下跌，導致物價上漲的經濟現象。關於這一點，我曾經從朋友身上聽聞一個有趣的故事。這位朋友的消費哲學非常有趣，她從不買超過 27 萬韓元的冬季大衣。當我問她為什麼這麼認為時，她說：「我 20 多歲時，用

打工賺的錢買了一件 27 萬韓元的冬季大衣。在那個年代，這種價格算是高檔大衣，但才過了 5 年，價格就漲到了 40 至 50 萬韓元，甚至在不知不覺中，一件大衣要價 70 至 80 萬韓元。大衣的釦子又不是用黃金製成的，衣服質量也沒有明顯提升，價格卻暴漲。一件大衣要價超過 70 萬韓元。這真的有點過分，不是嗎？」

因此，朋友說自己絕對不會買超過 27 萬韓元的大衣。然而，即便是相同品質的商品，隨著時間流逝，價格依然逐漸上漲。以前可以用 27 萬韓元買到的東西，現在已經買不到了，這都是因為貨幣價值下跌所致。金錢的面額固然一樣，實際上的購買力卻比過去更低落。

貨幣供應增加的同時，貨幣的價值會下跌，導致物價上漲，產生通貨膨脹的現象。在這種情況下，究竟該如何應對呢？基本上有兩種方法可以應對這種情況。第一，讓薪資和物價一起上漲。當然，如果公司無法幫你提升薪資，這方法就不管用了。

第二，透過「投資」來防範通貨膨脹帶來的風險。你聽過「避險」（Hedge）嗎？「Hedge」原意是「籬笆」，意思是「如同保護主人所有物的籬笆般，守護投資者的資產」。更具體地說，「避險」是指面臨讓資產波動的風險因素時，所進行的保護行為或投資。假設物價上漲率為 5%，為了應對這個狀況，你可以

透過基金或股票獲得 5% 的回報；這麼一來，你就得以守住自己的資產，能面對通貨膨脹來襲。

　　我希望妳學習理財的原因正是如此。為了不讓辛苦賺來的錢淪為廢紙，就必須學會理財，好好守住金錢、讓錢變多。妳必須清楚了解金錢，也才能更好地理解經濟；必須有效率地管理金錢，才能遊刃有餘地應對各種危機。

▶ 了解錢的重要性，才能在社會上生存

　　看不懂字的人被稱為「文盲」；同樣地，不了解金錢的人被稱為「金融文盲」。然而，充分了解金錢的人比想像中更少，這意味著「金融文盲」的人數比想像中還要多。更大的問題在於，這些人認為對金錢無知並非太嚴重的問題。關於這一點，前任美國聯邦準備理事會主席艾倫・葛林斯潘曾經警告：「現今這個時代，最大的問題在於人們缺乏對金融的理解力。文盲生活起來很困難，但金融文盲會導致難以『生存』；金融文盲比文盲更恐怖。」

　　讀懂金錢的流脈、學習經濟本身，與生存直接相關。因為「低物價、高成長」的時代已經結束了。南韓在過去 30 多年當中，達成了顯著的經濟增長，因此就業門檻並不高，不管在哪裡就業，只要努力工作，年薪就會持續增長；定存的利率

很高，只要努力儲蓄，在職場打滾個 15 年左右就能買房。想要度過安穩的生活，並不像摘天上星星那般困難。然而，現在情況已經大不如前。倚靠過往世代的方法再也無法維持穩定的生活，因為即使你完全不花錢、什麼都沒做，金錢也會持續貶值。倘若不採取一些措施，金錢的價值只會持續掉落，最終陷入在為錢所苦的困境中。

除了這些現實面的問題之外，MZ 世代將成為「第一個比父母更窮的世代」，這一項預測也令我十分震驚。從 20 幾歲就開始背負就學貸款，艱辛地跨越狹窄的就業門檻，成為一名上班族後，卻發現更難以接受的殘酷事實，別說未來要走花路了，連婚姻和買房都變得很困難。沒有人想要度過總是缺錢，因金錢而壓力重重且憂心忡忡的生活。

不要相信「沒有錢也能幸福地生活」這種說法。如今的現實是：沒有錢，就連原本的幸福也會崩塌。因此，應該要為了早日脫離「金融文盲」的身分而努力。只要下定決心，就算沒有大學畢業證書也可以過得不錯，不會講英語也不會造成太大的問題；然而，若淪為金融文盲，未來將會難以生存下來。

不想在 40 歲時為錢煩惱，現在就要開始理財

「媽媽，妳 30 歲時過得如何？」如果妳這樣問我，我好像沒有什麼特別的話想說。那時候我剛結婚並生下妳，正在努力適應每天忙碌的生活。為了應付生活，我完全察覺不到時間的流逝。

但是，當我 40 歲時，情況就不同了。我深刻地感受到自己身上剩餘的「美好時光」已經不多了。我不再年輕，走上坡的門也漸漸變得狹窄，但是即將取代我的後輩們卻不斷地向我逼近。因此，我在隱形中感受到一股迫切的壓力，彷彿一定得向人證明「我還年輕，我還很有用處」。

單從工作角度來看，40 歲可視為最全盛的時期。經濟狀況

穩定，交易所對我充滿信任，凡事只要經我之手都會很順利，這時期的我在職場上充滿自信。然而，同時我也刻骨銘心地感受到這段全盛期不會太長。「再過不久，我的收入就難以再增加了！」我對這一事實開始有了真切的感受；換句話說，我開始意識到要減少現金流，以及保護自己「資產」的重要性。

在看企業的財務報表時，通常會有損益表、現金流量表和資產負債表三種，將其應用到生活中則如下：結算每月的薪資（收益）和消費（支出和貸款、償還利息）的家庭開支表相當於損益表；銀行帳戶餘額和錢包中即時可用的現金即是現金流量表；而用來掌握自己離開職場、再也不工作時能夠使用的資產狀態則是資產負債表。

然而，當妳邁入 40 歲，即使損益表和現金流量表的數字再漂亮，如果資產負債表不穩固，依然會感到不安。因為當自己再也無法工作或因經商失敗導致收入來源消失時，就會立即陷入財務困境。

當然，如果妳已婚，可能會認為即使自己不工作，也有丈夫提供穩定的現金流，所以無妨。但男人同樣會面臨 40 歲這個關口。雖然在職場上正值全盛期，但他們也會深刻感受到，這段全盛的時光並不會太長。因此，獨自賺錢承擔照顧妻小責任的男人們，在 40 歲時面臨的現實更加殘酷。因為他們除了工作別無選擇，而能夠工作的時間卻逐漸減少。

　　有個人曾經告訴我一段話：結婚生子就像騎腳踏車一樣。你可以用力踩踏，也可以輕輕踩踏，但一旦停止踩踏，腳踏車就會立刻倒下。因此，不管是否喜歡，直到妳下車之前，只能不斷地踩腳踏車踏板。

　　也許就是因為這樣，無論是否結婚，每個人在 40 歲感到後悔的都是「沒有建立資產」。這裡提到的資產可能是銀行的定存，可能是公寓或辦公大樓等不動產，也可能是績優股或優質債券。其他像是著作權等無形資產也包含在其中。

　　當然，妳可能覺得 40 歲還很遙遠，也許現在光是想到要存結婚基金就已經很吃力了。然而，結婚絕對無法帶給妳經濟上的餘裕。相反地，稍有不慎就會花費數百萬韓元作為結婚費用，又要為了購買新婚房而去借貸，導致自己在結婚的同時也變得滿身債務。雖然妳可能會有茫然的期待，期待結婚後可以度過更穩定的生活，但這絕非易事。無論是否結婚，只要手頭上沒有錢，就只能過著被錢追著跑的不安人生。

　　此外，40 歲來得比妳想像中還要快。用各種形式累積資產的人，與沒有累積資產的人相較，40 歲的生活在各方面將會呈現極大的差異。因此，如果不想在 40 歲時感到後悔，現在就計算所擁有的資產，試著撰寫資產負債表吧！重要的是，如果妳現在什麼都不做，那麼 10 年後妳的未來將不會有任何改變。

如何對錢不焦慮？

「讓我們一起深入思考看看吧，假設你有 10 萬韓元，我有 100 萬韓元，那麼，你肯定會非常羨慕我吧？感到很煩躁吧？但讓我們換個立場想一想，我的幸福難道是來自你嗎？我擁有得更多就會更滿足嗎？不是嘛？這世界上還有些傢伙擁有 1000 萬韓元啊，那我應該會很羨慕他們，應該會很煩躁，到底誰會覺得更煩躁？是你還是我？傻傻搞不清楚啦！不過這個世界上，也是有不懂羨慕為何物的傢伙，那傢伙就是我，你有想炫耀的就儘管炫耀吧，我不介意，因為我不會羨慕任何人，一點也不會羨慕。」

這是歌手張基河的歌〈我不羨慕〉的部分歌詞。我對這首

歌的歌詞讚嘆不已。在面對金錢時，最重要的是不要羨慕他人的成功和財產，陷入比較的陷阱，而這首歌的歌詞正好切中了這一點。擁有 10 萬韓元的人可能會羨慕擁有 100 萬韓元的人，但擁有 100 萬韓元的人也會羨慕身旁擁有 1000 萬韓元的人，進而自嘆不如。

　　這世界上總是存在著比自己更有錢的人。即便自己認為擁有這種程度的收入已經很不錯了，但看看周圍的人們，比自己更富有、過著更奢華生活的人實在太多，多到讓自己很快就感到氣餒。一旦開始追求金錢，就不知道生活的盡頭在哪裡。假設擁有 1 億韓元，就會羨慕擁有 10 億韓元的富翁；擁有 10 億韓元後，又會羨慕擁有 30 億的人。接著，你會在某個時刻開始感到煩躁。因為不管賺多少錢，總是存在著比自己更富有的人。正因如此，盲目追求金錢的生活很容易讓人變得不快樂。

　　然而，有些人即使擁有了 10 億韓元，也不會羨慕那些擁有 50 億韓元的大富翁。不管別人再怎麼挖苦他們說：「你只是表面故作鎮定而已啦！你其實心裡很羨慕那些人吧！你這種心態只是『精神勝利』罷了！」他們也依舊處之泰然，因為「賺到 50 億韓元」並非他們的人生目標。他們有自己的人生目標，想要擴展事業規模、組成幸福的家庭等。因此，他們每時每刻都會全力以赴，朝向期盼的目標邁進。他們也不會因此就大肆揮霍、亂花錢，過著炫富的生活。他們清楚地知道，如果經濟不

自由，就無法像現在這樣專注於想要的生活。因此，他們絕不會隨意花錢，而是會為了增加資產而更努力研究。

孩子，妳可能早已察覺到，我欣賞的是那種即便看到對方比自己富有許多，也不會感到羨慕或心生動搖的人。神奇的是，這種人不追求金錢，但金錢卻經常追著他們跑，甚至他們周圍還會出現許多好人。這就是所謂的「富人的品格」吧！

對於每個月都在為錢所苦的妳而言，這聽起來也許像是別人的故事。妳或許會辯解，自己只是想努力理財，以便早日過上不用擔心金錢的生活。然而，如果妳不提前為自己的人生畫好藍圖，最終還是會成為金錢的奴隸，被錢牽著鼻子走。

根據美國的一項調查，當被詢問「你會選擇『自己一年賺 11 萬美元，而其他人賺 20 萬美元』的世界，還是『自己賺 11 萬美元，而其他人賺 8 萬美元』的世界？」時，大多數人選擇了後者。這是因為他們想在與他人的比較中，獲得「我更優秀」的滿足感。

然而，比較心理絕對不會就此止住。朋友買名牌包，於是妳也打腫臉充胖子，跟著買了一個；嚮往昂貴的進口車，為了能夠買車甚至還揹債。看到別人用股票投資賺錢，妳也會產生迫切感，認為自己應該參與其中。在跟他人比較後，為了不想輸給對方，總是超過負荷地在用錢。結果，別說累積財富，還得為了償還貸款而持續當上班族。哲學家叔本華針對這種情況

指責道：「我們大多數的不幸都來自於過度關注別人。」

　　問題在於，即使很清楚一切道理，仍然很難不陷入比較心理的陷阱中。就算是平常對房地產和股票沒有興趣的人，每當看到股票連續多日上漲、公寓價格飆升的新聞時，也會開始關注市場。接著，看到其他人賺大錢的報導後，又會不由自主地因「相對剝奪感」（譯註：指的是個人或是群體的一種心理狀態，一個人意識到他得不到某種自己想要擁有的東西，而且他還覺得自己「理當」擁有那樣東西，卻被某人奪走了，相對剝奪感就產生了）而感到煎熬且憂鬱。有些時候則會產生「再不做些什麼，最終只剩下我落在後頭」的想法，進而焦慮不已。

　　為什麼我們無法停止比較，總是為焦慮所苦呢？在思考這個問題的過程中，我在意料之外的地方找到了答案。我認識一名後輩，她明明很纖細也很美麗，卻總是認為自己胖，在反覆暴飲暴食和節食之間掙扎了 15 年。我因為心疼她而多次給予建議，但她總是這樣回答我：「姐姐，這些我也全都試過了。」

　　她曾經一天只吃一餐，原本堅持得很順利，卻在某天開始暴飲暴食，哭著說自己減肥失敗了；她曾經用很極端的方式減肥，成功瘦身後心情愉悅，但這也只是暫時的，之後她又再次復胖，感到十分沮喪。這樣的情況反覆出現，她的皮膚變得越來越粗糙，髮量也變少，心理上更是變得疲憊不堪。

　　然而，之後她遇到了一個好男人並結婚生子、養育孩子，

竟然在不知不覺中逐漸變瘦，再也不需要節食了。我驚訝地詢問她：「妳怎麼了？生病了嗎？還是帶孩子太辛苦了？有遇到什麼問題嗎？」但這位後輩的回答讓我非常意外。她說她一直以來都不曉得，原來被愛和愛人竟然是如此充實和喜悅的事。結婚後的她獲得了安全感，情感匱乏也得到了滿足。從此她不再暴飲暴食，自然而然地瘦下來且不需要節食。她和我說這些話時，神情看起來非常安定和開朗。

　　她之所以 15 年來不斷陷入暴飲暴食和節食，罪魁禍首來自於心中的空虛。情感匱乏導致她容易暴飲暴食，而暴飲暴食又會造成她過度節食。然而，當她獲得了尊重和愛，心靈被填滿後，便不再感到空虛，暴飲暴食的症狀也徹底消失了。她所需要的不是過度節食，而是尊重和愛。

▶ 設定存錢目標，就不會為錢焦慮

　　其實這個道理也同樣適用於處理金錢問題。一提到金錢，妳的反應可能會不知不覺地變得有些神經質；去朋友家的喬遷宴祝賀時，口中說著祝賀的話，心中卻超級好奇朋友的房子究竟是買的還是租的，甚至到了有點偏執狂的程度；沒來由地出現心情低潮，脾氣變得很倔強，空氣中充滿火藥味……。每個人都可能至少有過一次這樣的經歷。每當這樣時，妳可能會覺

得自己極度糟糕，但又無法控制情緒，只能繼續為此煎熬。

　　然而，這不單純只是銀行帳戶餘額的問題。更準確地說，這算是心態問題；是因為妳沒有設定完整的計劃來消除經濟帶給妳的焦慮感受，才會產生這種狀況。即使只擁有 500 萬韓元，如果已經設定好明確的計劃，就不會感到害怕；不過，同樣僅擁有 500 萬韓元，如果經濟觀念不正確且毫無準備，還是會在不知不覺中感到焦慮。

　　因此，如果妳經常感到焦慮，就需要想像並具體描繪出理想中經濟獨立的模樣。需要多少錢？靠自己的力量能賺取的金額是多少？如何使用這筆錢？當妳事先具體考慮這些問題後，就能估算出自己的渴望程度，並制定符合現實的對策。接著，妳需要制定實現目標的步驟，並逐步實踐。

　　無論現在擁有多少財產都無所謂，只要制定計劃並依序實踐，就可以為妳帶來心理上的安定感，這正是解決不斷與他人比較而感到畏縮的關鍵。就算財產僅有 500 萬韓元，只要設立明確的經濟計劃，就能在他人面前充滿自信，不會感到害怕。

　　假如妳身旁的人都變成了富翁，只有妳落在後頭，感到焦躁不安時，剛好在新聞上看到一家妳不太了解的公司，就把所有的積蓄都投進去，結果卻虧損而不斷哀嘆抱怨；假如妳平時為了省 500 韓元願意多走幾百公尺去買咖啡，卻在某一天突然被「購物狂」附身，亂買一堆不必要的東西。即使如此，也不

要責怪自己，不要再浪費寶貴的時間。我的意思是，不要讓焦慮侵蝕妳。

　　正如前文提到的，解決方法其實很簡單。即使每個月只將30 萬韓元放入存款帳戶，這個行為本身就能守護妳的內心。雖然現在那些令妳稱羨不已的人們都是富翁，但只要妳設立計劃並遵循，絕不會活得比他們更不幸。人類是只要樹立計劃就會感到安心的動物，茫然的焦慮和恐懼將在你制定計劃的那一瞬間消失無蹤，取而代之的會是自信。

有錢人會更認真看待每個月的薪水

美國哈佛大學經濟學教授森迪爾‧穆蘭納珊（Sendhil Mullainathan）和普林斯頓大學心理學教授埃爾達‧夏菲爾（Eldar Shafir）透過《匱乏經濟學》一書，生動地呈現出匱乏對人們的行為和心理帶來的影響。根據書中的說法，當人過度匱乏時，會無法做出正常的判斷。因為他們只會全神貫注於當下感到匱乏之處，完全沒有心思去考慮其他事物。因此，孤獨的人往往難以建立良好的友誼；越是被時間追趕，就越容易犯錯。極端的匱乏在人類身上只會導致惡性循環。

我認為「極端匱乏」對於金錢領域的危害特別嚴重。明明每個月都有薪水入帳，但把卡債還完後，卻發現沒剩下多少錢

可用。這麼一來，別說下個月了，你連下週的生活費都會很擔心，變得焦躁且神經緊張。

遇到這種情況時，人很容易陷入「隧道視野」（Tunnel Vision）。若你站在隧道裡看著隧道口，一切看起來都黑漆漆的，只能看到一縷光線。換句話說，除了錢的問題，你再也無法關注任何其他事情。因此，當你與朋友見面喝咖啡時，你會在意錢包裡剩下多少錢；只要跟人談到金錢，就會莫名其妙地感到自尊心受創，就連平常只會視為玩笑話帶過的話題，你也會受到刺激並勃然大怒。一旦開始為錢所苦，不僅生活變得窘迫，甚至連人際關係也會產生裂痕。被譽為無聲電影時代最偉大的演員和導演的查理・卓別林，他出生在英國貧民區，在酗酒的父親膝下長大，度過了破碎又貧困的童年。

後來，他這樣說道：「從寒冷、飢餓和貧困中產生的羞恥感，對一個人的精神世界帶來的影響，比我想像中還要大上許多。貧困既不迷人也毫無益處。貧窮只會使我過度評價富人或上流社會的美德和優雅，扭曲了我的價值觀。」

聽說卓別林在大獲成功後，在金錢方面極為吝嗇。有傳聞指出，卓別林為了省錢，連衣服都不換，以至於衣服時常發出臭味；與朋友相約吃飯時，他為了不付錢而故意不帶錢包。兒時極端的貧困經歷長期壓抑著他，使他的視野變得很狹隘。

我就業後買下人生第一個名牌包，當時發生了一件事。某

天下了傾盆大雨，我像供奉神主牌位那般緊抱著那個名牌包奔馳，我的朋友對我說了一句話：「妳為何不乾脆撐傘呢？妳的頭髮和衣服都濕透了，只有包包沒有淋濕就夠了嗎？就算那是個名牌包，妳也不該在意成這樣吧！」

那時我才意識到，如果那不是名牌包，我肯定會先照顧好自己再顧慮到包包。不，老實說平常的我根本毫不在意包包是否淋濕。本來買包包就是為了可以隨時使用，但我最後卻因為捨不得用，僅僅揹了幾次而已。早知如此，我根本不應該買那個包包。在下雨的那一刻，我竟然不知不覺地為了保護包包而拚命地抱著它；多虧如此，我才淋得像隻落湯雞。根本就是本末倒置。

該事件讓我有很深刻的體悟，我終於了解何謂被奴役的生活，而那種生活又是多麼地荒謬可笑。我被某些事物牽著鼻子走，就等同於我淪為了它的奴隸。包包的主人明明是我，但我卻變成了服侍包包的僕人。更大的問題在於，直到我淋成一隻落湯雞之前，我完全不曉得這舉動有多麼荒謬可笑。

「被金錢牽著鼻子走」也是一樣的道理。就算自己完全不想被金錢左右，但如果沒有做好充分的準備，某天生計突然變得窘迫，生活還是會產生巨變。因此，為了不被金錢牽著鼻子走，為了預防不可避免的事故發生時為錢所困，我們應該充分做好資產管理。

　　這時最關鍵的是「財務安全感」（financial safety）。「安全感」指的是「即使失敗了一回，我的生活也不會產生驟變」，是最低限度的馬其諾防線。擁有安全感的人會毫不猶豫地去嘗試新事物，因為即使失敗了，隨時都可以再次挑戰。通常人們將安定感和安全感視為同一概念，但兩者嚴格來說是完全不同的。「安定感」（stability）代表沒有大幅的變化，維持固定的狀態，基本上就是指什麼也不做的安定狀態；而「安全感」（safety）則更接近於一個動態的概念，即使今天失敗了，明天依然可以嘗試新的事物。

　　若想確保自身的「財務安全感」，最簡單的方法就是每個月都領薪水。即使購物失敗浪費錢、股票投資稍微虧損，只要每月都有薪水進帳，就能維持平常心。實際上，就算股票市場下跌、帳戶損失慘重，只要每月都領得到薪水，就不需要擔心眼前的生計問題，因此也不急著把股票賣出。然而，若沒有穩定領月薪，就無法應對每個月的生活費和固定支出，只能選擇賣掉股票。

　　此外，在經營企業或資產管理方面也是如此。**每個月有規律的收入是非常重要的。**每個月必須要有固定的收入進帳，才能毫不費力地支付生活費和其他固定支出。

　　舉個例子，假設你退休後住在要價 15 億韓元的公寓裡，但你並沒有儲蓄、每個月也沒有現金入帳，那麼你立刻就會因為

沒有生活費可用而急跳腳；相反地，如果你退休後住在價值 8 億韓元的公寓，儲蓄則有 7 億韓元，那麼你便可以使用這筆錢及它的儲蓄利息來支付生活費。

　　某位跟我很好的公司後輩，在去年淪為所謂的「靈拉族」（意思為「為了投資不擇手段，連靈魂都能出賣」），購買了一套公寓。當時很流行一句話：「虛擬貨幣、公寓、股票等一切都在漲價，如果你什麼都不做，就會變成暴窮族。」導致大家的心理壓力都很大。問題在於，她的存款只有 4 億韓元左右。為了購買超過 8 億韓元的公寓，她一時心急借了大筆貸款，就此開啟一連串的不幸。當時這位公司後輩剛生第一胎，正在育嬰假期間，且那時候的貸款利率很低，只依靠她老公的薪水也能充分負擔。

　　然而，不久前貸款利率急劇上升，情況產生驟變。每個月除了償還本金之外，貸款利息更是超過 200 萬韓元，光憑老公的薪水根本難以負荷。在經過深思熟慮後，她決定提早將孩子送入幼兒園，並選擇復職。雖然她本來想親自照顧孩子，直到孩子滿 2 歲，但現況讓她不得不放棄此計劃。然而，幸運的是，當她和老公重新開始雙薪生活後，不僅能夠支付貸款利息，還能逐漸償還本金。

　　最近，她跟我講了一段話：「姐姐，我以前都不曉得原來薪水這麼珍貴，我之後會更加努力上班。」這就是所謂的「財務

安全感」。幸運的是，這位公司後輩當初只是留職停薪，只要她需要，隨時可以復職；如果當時她已離職，想必選擇就會受限許多。她有可能必須含淚出售那間珍貴不已的公寓，也有可能要勉為其難地去做一份她不喜歡且不適合的工作。

在這位後輩購買公寓並貸款時，她根本沒想到房價可能會下跌，或者有一天會因為貸款利率上漲，導致家庭生計大受影響。當然，她心裡也很清楚，即便有急用，房地產也很難立即變現，因此在買房時要謹慎評估、貸款時也必須考量到最壞的情況。然而，她並沒有預料到這樣的情況會真實地發生在自己身上。因此，妳必須要銘記在心：只要一不小心，金錢可能會綁住我們的脖子，把我們牽著四處走。「淪為『靈拉族』後，一瞬間就陷入水深火熱之中，每天擔心生計。」這不會只是別人的故事。

▶ 每個月都要有固定收入，才能有安全感

若不想被金錢左右，確保自身的「財務安全感」至關重要。我們需要以「現金流」的角度，重新看待「月薪」背後的意義。假設妳每個月的薪水是 250 萬韓元，若妳與在大企業或金融業上班的同學比較薪資，可能會覺得自己薪水太少而感到沮喪；但從現金流的角度來看，擁有 250 萬韓元就等於持有價

值 7 億韓元的店面或小型大廈。因為價值 7 億韓元的商業用房地產，其每個月的租金約為 4%，也就是大約 250 萬韓元。

　　此外，就算有在經營 YouTube 頻道等各種形式的副業，倘若這個副業無法保證每個月都有固定金額的收入，妳就還是會因為每個月的固定支出而備感壓力。假設 1 月賺了 100 萬韓元、2 月賺了 200 萬韓元、3 月賺了 300 萬韓元，每月的平均收入是 200 萬韓元，但每個月的固定支出是 110 萬韓元。這麼一來，由於一月的收入只有 100 萬韓元，就必須立刻從其他地方挪用 10 萬韓元來使用；在沒有閒錢的情況下，自然會為錢所苦。不規律的收入不僅難以生活，也會帶來很大的壓力，其原因正是如此。

　　必須維持穩定的現金流，生活才能過得滋潤。每月都要有如同薪資般定期進帳的錢，才能具備穩健管理資金的條件。此外，要擁有規律的收入，才能擁有預測未來的能力。「每個月都會有 250 萬韓元進帳」，光是這一事實就足以讓妳制定計劃，構想著「這個月這樣度過就行了」，並得以控制支出。這就是所謂的「風險管理」，妳可以藉此獲得安全感。

　　這麼看來，薪水的力量比想像中還強大。因此，當妳準備離職時，除非已經談好下一間入職的公司，不然妳應該提前預備足以充分生活 6 個月左右的生活費，以應對現金流中斷的情形。要先確保有這筆錢在，離職才是正確的做法。否則，妳恐

怕會急於籌到下個月的生活費，而允許自己隨便進入一間願意雇用妳的公司。有錢的時候也許感受不出來，但當妳沒錢時，肯定會感受到金錢的存在感有多麼可怕，生活也會變得緊迫。因此，規律的收入比想像中更重要。

如果妳不想被金錢牽制，不想陷入必須立即出售虧損股票的窘境，就應該隨時留意，不讓「財務安全感」倒塌。這將成為經濟自由的基礎。

股市大跌時，更要理性看待

假設某天妳想學習投資理財，於是開始觀看 YouTube 學習，甚至還去書店買書來看，妳將會發現真的有非常多教人賺錢的書。不管是股票、房地產、虛擬貨幣還是關於個人的成功經驗談，各種書籍應有盡有。

然而，如果妳想請我推薦一本不錯的書，我會建議妳閱讀《熊市啟示錄》（*Anatomy of the Bear*），它提到了世界金融危機的歷史。「熊市」指的是股市下跌的時期，以熊來比喻「股市下跌的趨勢」。曾在里昂證券公司（CLSA）擔任顧問的羅素‧納皮爾（Russell Napier），在這本書中分析了美國過去 100 年來歷史上最嚴重的四次熊市，並分析了它們的發展過程、持續時

間以及結束的契機。他之所以寫下這本書，是因為他認為「在牛市中沒辦法學到什麼，熊市帶來的教訓才夠刻骨銘心」。

　　妳是否覺得很疑惑，明明是請我推薦一本教人賺錢的書，為何我卻建議妳去看這本關於金融危機歷史的書呢？正因我認為：如果妳能將在熊市中學到的教訓內化成為自己的知識，那將會立刻變身為妳能夠賺錢的最佳捷徑。

　　在股市上漲的牛市中，賺錢的機率非常高。因為今天買進的股票，明天還會繼續上漲，因此人們為了獲得更大的收益，欲望也變得越來越高漲。透過投資，在短短幾天之內就可以賺到比月薪更多的錢，讓人不禁懷抱起希望，似乎只要繼續投資下去，在不久的將來就能離開自己討厭的職場並獲得自由。因此，人們就會拿出更多的錢投在股票中，但隔天股市卻突然開始下跌。一開始可能會樂觀地想：「明天應該會好轉吧！」但這樣的日子卻遲遲未到，**因為熊市持續的時間通常比人們想像的還要長**，導致錢在最後全都賠光光，自己也變成窮光蛋。

　　因此，美國華爾街最受尊敬的投資人霍華・馬克斯（Howard Marks）在《投資最重要的事》一書中這樣說道：「繁榮的好景氣無法帶給我們任何有益處的教誨，它只會讓你產生『投資很容易，我很清楚投資的祕訣，我不必擔心投資的風險』這樣的念頭。因此，最有價值的教誨其實來自於經濟不景氣。以這個角度來看時，我可說是很幸運地生活在一個特別的時

代。在 1970 年代，我經歷了阿拉伯石油危機、停滯性通膨
（stagflation）、NIFTY 50 的暴跌，以及被稱為『股票之死』（Death
of Equities）的時期；我也經歷了在 1987 年，道瓊指數在一天內
暴跌了 22.6% 的『黑色星期一』；在 1994 年，發生了債券大屠
殺。這些經歷塑造出了我的投資哲學。大多數的專業投資人都
是在 1980 年代或 1990 年代進入了這個產業，所以他們並不曉
得股價下跌的幅度是有可能超過 5% 的；因為就數據顯示，在
1982 年至 1999 年間，股價最大的跌幅就是 5%。」

　　所謂的人生就是如此，當運氣好、時機適合時，只需稍微
努力便能輕鬆解決許多事情，一切看起來都很簡單。在這樣的
時刻，我們通常會想像未來的光明美好。我們會認為是因為自
己很優秀、做得很好，才能獲得這般豐碩的成果。因此，當周
圍的人提醒我們要未雨綢繆、做好準備，以應對未來狀況變糟
的時期時，我們往往會選擇掩住耳朵、認為別人是在嫉妒自己
的成功才這樣說，對於這些提醒的言論充耳不聞。

　　但是，牛市並不會永遠持續下去，股市總有一天一定會走
下坡，問題在於沒有人曉得是哪個時機點。因此，當所有人都
在放鞭炮慶祝時，我們應該冷靜地看待現實，做好應對股市下
跌的準備。像霍華‧馬克斯這些經歷過景氣繁華和景氣蕭條的
人，會在景氣繁榮時做好應對景氣蕭條的準備，在景氣蕭條時
則會做足準備來迎接景氣繁榮的時刻。

　　人生也是如此。在度過人生時，不可避免地會產生起伏，不管起伏是好是壞，美好的時期一旦過去，困難的時刻就會來臨。然而，困難的時期也不會永遠持續下去，彷彿快死掉般艱難的日子結束後，必然會迎來春天。

　　因此，我非常警戒上述的茫然樂觀態度。我並不信賴那些盲目表示「一切都會變順利」的人。因為我見過許多血淋淋的案例，在艱難的時期來臨時，那些人都無法堅持下去，最終倒下。相反地，那些在狀況好的時期事先防患未然的人，當困難的時期到來時，通常不會輕易崩塌。因此，只要跟一個人一起經歷過困難，就可以預見他們未來會如何生活。

▶ 越是危機越要保持理性，才能度過難關

　　有一個詞彙叫做「史托克戴爾矛盾」（Stockdale Paradox）。身為美國海軍的詹姆斯‧史托克戴爾中校在越戰期間擔任戰鬥機飛行員，有次被高射砲擊中，導致他和戰友們一起被監禁在河內的火爐監獄中長達 8 年。經歷了 20 多次的拷問、好不容易才活下來的他，終於在 1973 年因戰俘交換而被釋放，並以海軍中將的身分退役。

　　他仔細思考了那些跟他一起被監禁在戰俘營的戰友們，特別是已故的戰友和像他一樣倖存下來的人之間有何區別？他留

下了這段話：「有些人過度樂觀地看待現實狀況，他們相信自己會在聖誕節之前被釋放；當聖誕節來臨後，他們又期待著在復活節（4月）會被釋放；然後，他們相信自己在感恩節（11月）會被釋放，然而又再迎接聖誕節。他們因著不斷循環的失落感而倒下，最終喪失了生命。」

　　換句話說，那些說出「我們很快就可以被釋放！」、「要懷抱希望！」的樂觀主義者們，當時間一年、兩年地過去了，情況卻依舊沒有好轉，他們終究無法忍受反覆不斷的失落感而走向死亡。這說明了一件事，盲目和不切實際的樂觀主義極其危險。因為一旦殘酷的現實來臨，它就會迅速崩塌。因此，雖然持有「我一定會活著出去」這種相信事情會好轉的信念也很重要，但同時也必須直視每一天所面臨的殘酷現實。

　　因此，媽媽期盼妳能成為「對未來持樂觀態度，但對現實持冷靜態度且能應對最壞情況的『理性的樂觀主義者』」。我之所以這樣期待，是因為我相信，不管妳在生命中會遭遇到何種困難，只要能做到這一點，妳就能成功地乘風破浪向前行。即便今年已經過去，明亮的明年已經到來，但市場和經濟狀況仍然不明朗。每天我一醒來，比起喜悅的好消息，更多的是壞消息和堪憂的前景在等著我。我覺得這段期間可能會比想像中還要長。但是，我並不害怕，因為我相信：無論前方有何種難關，我都會盡自己所能找到最佳解決方案；我會持續努力，直

到找到方法為止。最重要的是，只要總是在行動時做出最壞的打算，就不會輕易被擊敗。

　　股票市場中有一句名言：「一生中千載難逢的最佳買入機會，是在可怕的崩盤之後出現的。」「危機就是轉機」的道理，也同樣適用於投資世界。然而，「度過危機、存活下來」是妳的優先要務。為了能做到這一點，妳必須既樂觀地看待未來，又冷靜地面對現實。這正是我建議妳成為「理性的樂觀主義者」的原因。

學習理財要趁早

　　想必妳也很清楚，媽媽從小是在江南大峙洞的一棟公寓中長大的。我在那個家住了 20 多年，那裡滿滿都是屬於我的回憶。然而，在 21 歲那年母親突然離開我之後，我只要看到家中角落，都會浮現母親與我之間的回憶，使我難以承擔，似乎每天都在確認母親不在我身邊的事實。我感受到父親也有同樣的心情。我們不能永遠沉浸在悲傷中，留下來的人還得繼續生活。於是某一天，父親提議我們全家搬到京畿道一山，我和弟弟妹妹們都同意了。

　　當時，我們住的公寓售價大約落在 2 億 7 千萬到 3 億韓元之間。但到了 2002 年，正當父親打算賣房時，公寓價格突然飆升，很快就漲到了 4 億韓元。那時我建議父親要趁價格上漲時

趕快賣掉,於是父親便開價4億5千萬韓元。大約過了一週,有人出現說要買我們的房子,並表示可以立刻匯款。經過一番考慮後,父親決定再加價2000萬韓元,最後以4億7千萬韓元的價格賣掉房子,已經比當初預期的價格又多賺了2億韓元。

然而,現在那間公寓的房價已超過20億韓元,所以父親老是叨唸著這件事,對於賣掉那間公寓感到非常後悔,就連我每次想到那間公寓也會覺得非常心痛。對於自己當初慫恿父親賣房這件事,讓我曾經被困在莫名的罪惡感中煎熬不已。

不過,再怎麼後悔也沒有用。我當時深刻地體會到,資產的價格極其浮動,絕非固定不變。此外,雖然房地產價格時而上漲,時而下跌;但對於好的物品,只要願意等待,終究能得知其價值可以漲得多高。我親身體驗到「選擇便宜的物品,等待其價格上漲」,就是最好的投資。

當然,對於那般慘痛的失誤,我不願意再重蹈覆轍。因此,在和妳爸爸結婚之前,我就開始四處看房子,結婚後,買房成了我的首要目標。同時,我也認真地研讀不動產知識。結婚一年後,我看房價似乎有持續上漲的趨勢,於是在和妳爸爸討論後有了共識:雖然積蓄不多,但我們是雙薪家庭,大約可以負擔得起每坪1000萬韓元的房子。於是,我們選定了幾個區域,勤勞地四處看房。某一天,聽說有套房子要賣,於是我們和不動產經紀人一起去看房。但是無論我們再怎麼按門鈴,屋

裡都沒有任何動靜。正當局面變得尷尬時，不動產經紀人帶著最後一絲希望敲了敲門。

「裡面有人嗎？」

「……」

不曉得究竟過了多久，門突然開了。有一位大嬸突然出現，指著我們破口大罵。

「喂，你們這些小偷！也不看看現在市價多少，你們竟敢開價 3 億 3 千萬韓元？我死都不會賣低於 4 億韓元的，你們這些強盜！」

滿心期待去看房的我們被罵得面紅耳赤，而不動產經紀人道歉解釋，是因為這位大嬸的丈夫沒有和她商量就單方面將房子出售，才會導致這種情況，隨後便匆匆離開了現場。我們感到很無言，只能認命地去附近的小吃店吃飯；明明我們所點的餐點是超喜歡的辣炒年糕和泡麵，但兩人卻都遲遲不動筷子。經過 30 多分鐘的沉默後，妳爸爸終於開口說了一句話：「他媽的！」

妳爸爸從不曾在我面前爆粗口。聽到從他口中突然爆出的髒話，我也不禁笑了出來，那笑聲裡滿是無奈。我至今還忘不了那一刻，因為那是我第一次真切感受到沒有房子的苦楚。不過，我們後來仍四處看房，最終在我工作第 6 年，30 歲的那年買了房子。

　　現在回想起來，如果當初父親沒有賣掉大峙洞的公寓，我可能就無法意識到房地產作為資產而言，究竟扮演多重要的角色。假設沒有經歷過那件事，想必我也不會從結婚前就積極看房，擁有房子的時機也會延後。家裡那間以 4 億 7 千萬韓元成交的公寓，我看著它的價格一步步上漲到超過 10 億、15 億，使我的心情更加迫切焦急。因此，即使工作很忙碌，我也盡可能抽出時間來學習房地產知識，最終才得以在相對年輕的年紀時，完成了每個人的終極任務，即「買房置產」。

　　當我住在租屋處時，總是被不安感圍繞。連在牆壁上釘一根釘子也不能由自己作主，總擔心房東某天突然要我搬走，或要求增加押金。但買了房子之後，因為那是我的家、是我們的家，就再也無須擔心了。「擁有自己的家」的意義非常重大。我可以隨心所欲使用自己的家，也取得打造理想生活的權利。我終於買下房子，獲得了自由。

▶ 學習理財，才能打造理想生活

　　投資人查理・蒙格（Charles Munger）曾說過：「我一開始的目標並不是成為富翁，我只是想要獨立罷了。」他的這句話恰巧驗證了這個道理。**賺錢本身並非目的，而是藉由賺錢獲得力量，讓自己得以活出理想中的生活。**

　　每個人想賺錢的動機千差萬別。不管妳的理想金額多寡，都必須設定非常具體的賺錢目標，並為此付出努力。因為在人生中，幾乎沒有什麼是不用努力就能平白無故獲得的。因此，無論是透過勞動還是投資賺錢，任何賺錢的形式都算是一種「鬥爭」。為了自己所追求的意義，每個人、每一天都正進行著艱辛的鬥爭。

　　然而，令人意外的是，有些人談論股票或房地產時，並不像「投資」，反倒像是「投機」。在詢問「我應該買哪支股票？」的人們當中，不清楚股票和基金差別的人，出乎意料地多。有些人成天抱怨「不曉得何時才有辦法買房」，實際上卻連購屋基金都還沒開始存，這樣的人也是出乎意料地多。

　　如果想變成游泳健將，就必須從基本動作開始學習；想要變成數學達人，就必須從公式開始理解。股票和房地產也是一樣的道理，必須先「研讀」，才能精通股票和房地產投資。雖然這個道理是基本觀念，但許多人似乎只想立刻進行實戰。當然，倘若運氣很好，也許可以成功一回；但如果不研究，很快就會崩塌。**沒有經過研究的投資，終究無法賺到錢。**

　　正因如此，當人們詢問我應該在什麼時間點、買哪些股票時，我都會這樣回答：「最好的東西就是今天最便宜的東西。你想買的東西，明天可能就會漲價，所以一定要研究。若想培養出辨識好東西的眼光，只有一個方法，那就是持續不斷地研

究，藉此讀懂變化莫測的世界趨勢。」

　　孩子，妳也是一樣的。如果想追求理想生活，不受任何人的干涉，那就必須擁有足夠的金錢。因此，趕緊學習理財吧！越晚開始學習理財，理想的生活也會離妳越遙遠。

把興趣變工作，反而能長久

「長大後想做什麼呢？」當時妳回答想要如同 J‧K‧羅琳一樣，寫出像《哈利波特》般偉大的小說。老實說，當時我聽了很困惑，差點就說出「妳知道小說家這個職業會餓肚子嗎？」這種嘮叨之語。但冷靜地想了想，我也曾經有過那樣的夢想。

妳也很清楚，媽媽的第一份工作是在一間名為「EDAILY」的經濟日報中，擔任了一年的記者。在撰寫著金融相關的報導時，自然而然地對證券公司產生了濃厚的興趣。於是，在深思熟慮後，我選擇離職並投履歷到證券公司。在公布結果的那一天，我按捺住悸動的心情，在公司網站上輸入我的面試號碼；

當我看到「恭喜您被錄取」這一句話時,簡直開心地快飛上天了。我跑去找坐在客廳的父親,開心地對他大聲宣告:「我被證券公司錄取了!」結果,父親沉默了 10 秒鐘後,開口對我說:「家裡的錢,一毛也不能拿走。」

我猜妳應該難以理解,為什麼那個時間點,外公沒有恭喜我,反而說出這種話,對吧?當時進入證券公司並不是大學畢業生優先選擇的工作。隨著網路的爆炸性發展,IT 產業和各種新創企業備受矚目,股票市場迎來了繁榮的景況;但以 2000 年為起點,科技股的泡沫迅速破滅,也就是所謂的「IT 泡沫崩潰」。連續多日,電視上不斷報導空殼帳戶的消息,有潛力的 IT 公司被終止上市,人們損失了超過九成的本金,這樣的情況層出不窮。甚至有些人因股票賠錢,而在漢江做出了極端的選擇。結果,證券公司的職員被視為是造成人們投資失敗的罪魁禍首,就連證券公司本身也被當成鼓吹人投資的黑心場所。因此,好好的大學畢業生卻突然說要去證券公司上班;以妳外公的立場來思考,肯定對自己的女兒感到很無語。他既然無法公然反對我被錄取的事實,就只能醜話說在前頭,別跟他要錢去投資股票。

但世事難料,我於 2002 年進入證券公司時,恰好是股市經歷最低谷的時期。由於那一年 IT 泡沫的崩潰,使得證券公司停止了新員工的招募,直到隔年才開始發布招聘公告,而我正是

在那時期入職的。老實說,當時我的朋友和前輩、後輩們得知我被證券公司錄取後,都很擔心,不解為何我偏要選擇那種地方上班。但有趣的是,從我入職的第二年,即 2003 年直至 2007年,中國興起了投資熱潮,原本只有 500 點的韓國綜合股價指數(KOSPI)翻了四倍,一度突破了 2000 點,迎來了超級繁榮期。由金磚國家 BRICS(由巴西、俄羅斯、印度、中國、南非等國家名稱的第一個英文字母組成的用語;這是以 2000 年代為起點,對經濟快速成長國家之統稱)掀起了熱潮,再加上定期定額基金的大流行,便開啟了股票型基金的時代。

　　不過,在大學時期努力讀書,去當時最受歡迎的職場上班族反而陷入了困境。尤其是大我 5 至 6 歲的前輩們,他們在西元 1997 年外匯危機之前就業,而當時人氣最旺的職場是綜合金融公司(韓文簡稱「綜金社」)。當時韓國的利率很高,但美國、日本等先進國家則是低利率;而綜合金融公司可以協助人們從海外借錢來投資和貸款,因此被當時的社會視為最佳職場。當時南韓 SKY 大學經濟學系的頂尖學生們,幾乎都選擇去綜合金融公司就業,並以驚人的高薪自豪。然而,突如其來的外匯危機,使韓國不得不接受國際貨幣基金組織(IMF)的救助,匯率驟升至 2000 韓元,導致許多綜合金融公司在一時之間收回貸款和出售資產,被捲入了巨大的漩渦之中。結果,大多數的綜合金融公司都倒閉了,職員們也全數失業。

　　雖然這是一個非常極端的例子，但我在過去 20 多年當中，以分析師的角度觀察世界趨勢後，得出了一個結論：**沒有永遠上漲的產業，也沒有永遠下跌的產業；時間久了就會發現，產業週期總會經歷一次左右的循環。**

　　妳肯定希望能盡快確定方向，以抓住機會。我完全理解妳的心情。然而，如同一窩蜂地跟隨朋友去江南一樣，若沒搞清楚狀況便投入「時下最熱門的產業」，並不是一個好主意。一般來說，造船業的週期大約是 20 年，汽車產業是 7 年，IT 產業則是 3 年。所有產品和服務都會受到流行趨勢的影響，每種產品的耐用性和壽命各不相同。通常情況下，船舶的壽命是 15 至 25 年，汽車的壽命是 7 至 10 年，IT 設備的壽命大約是 2 至 3 年。不止如此，即使是再優質的偶像，只要經過 10 年左右也會因年齡增長而過了巔峰期。10 年前，南韓的整形外科是最賺錢的行業，但近來由於人口高齡化，疼痛醫學和復健醫學反而表現得更好。

　　可惜的是，5 年後、10 年後哪個行業會興旺，沒有任何人能預測。不久前，美國公司 OpenAI 推出的人工智慧聊天機器人 ChatGPT，在短短兩個月內，月活躍用戶數便突破了 1 億名。如同當初沒有人能預測到新冠疫情的爆發，也沒有人預見 ChatGPT 會在如此短的時間內震撼全球。從學生提交的報告、職場人士撰寫的提案和企劃案，到作家出版的書籍、記者撰寫

的新聞文章，各種由人類創造的內容，未來都有可能被人工智慧聊天機器人所取代。那麼，相關的職業是否都會消失得無影無蹤呢？未必如此，但唯一可以確定的是，沒有人知道現在興盛的產業在 5 年後是否依然健在。現實中存在太多不可預測的變數。

▶ 不論苦樂，試了才知道

　　假如妳詢問我「賺錢但不感興趣的工作」和「賺不了錢但有興趣的工作」，兩者應該選擇哪一個，我會建議妳選擇後者。現實中最簡單也最困難的，就是選擇妳喜歡的事業並且全力以赴地堅持到底。每個產業都一定會有興旺的時期，但也同樣會經歷艱困的時期。然而，人類往往是如此，只要做的是自己喜歡的事情，即使很困難也會想盡辦法克服；對於不喜歡的工作，則難以持續忍受。因此，如果自己並不喜歡某個工作，卻因為目前看起來前景光明而選擇去做，往後一旦遇到艱困，很可能就會中途放棄。未來總會迎來燦爛的時刻，但取得勝利的過程中，時不時出現的關卡並不容易。

　　或許妳會對我的建議感到意外，但媽媽認為「當下熱門且前景光明的產業」並非最理想的選擇。意思就是，我不會阻止妳寫小說。我曾目睹過許多人堅持做自己喜歡的事情，最終開

拓出新道路。因此，如果妳想寫小說，就去寫吧！不過媽媽建議妳，與其將受眾限定於南韓 5000 萬名讀者而用韓文寫小說，妳可以嘗試用英文寫小說，讓觸角擴展至 20 億讀者；如果妳想寫的是網路小說，不妨考慮發布在網路平台上吧！端看妳採取何種做法，這會左右妳是否能透過自己喜歡的事來賺錢。

妳喜愛的《哈利波特》作者 J・K・羅琳當初因為與丈夫不和，在結婚一年後便離婚，之後她跑遍各個咖啡廳，寫下了《哈利波特》第一集。聽說當時她的朋友介紹她去某間高中擔任法語教師，當時她還有一個未滿週歲的女兒，僅能靠政府的生活補助金勉強維持生計，因此羅琳陷入了苦思。如果能成為教師，她就不必再因為貧窮而受苦，也能夠有穩定的月薪，和女兒一起過普通的生活。然而，這絕不是她想要或喜歡的工作。當時的她為錢所苦，連生活費都不夠用；但苦惱一番之後，她依舊選擇了自己所夢想的作家之路。結果，她所寫的《哈利波特》全球銷量超過 5 億本，成為史上最暢銷的系列書籍之一，她也成為了「史上首位億萬富翁作家」。

不覺得很神奇嗎？妳正在糾結的問題，妳喜歡的作家也曾經歷過。但有一點需要牢記：羅琳當初選擇的是喜歡卻賺不了錢的工作，但她為了證明這個選擇是正確的，也為了讓這個選擇變得正確，她盡了最大的努力。如果當時她沒有撐過那些艱難的時期，就不會有今日的 J・K・羅琳。

　　日本的代表性作家村上春樹在《身為職業小說家》一書中曾提到：「持續寫小說是非常困難的一件事。好的，若想搞懂自己身上是否具備那種特質，該怎麼做呢？答案只有一個，那就是實際跳入水中，看看自己究竟是會浮起來還是沉下去。雖然聽起來有點粗暴，但人生似乎就是這副模樣。再者，就算一開始我沒有選擇寫小說，也可以過著智慧又有意義的人生（甚至不寫小說可能更好）。即使如此，依然想寫作、無法忍受不寫作的人，這種人就適合寫小說。（中略）歡迎來到擂台上。」

　　所以女兒，當其他人正在追逐新崛起的行業，而妳開始懷疑自己的選擇是否正確而感到焦慮，請再詢問自己一次：「我是否真的想做這件事？」接下來要做的就是踏上擂台，試著提筆寫作。因為凡事都需要試過才曉得。

別小看複利的力量

2015 年，一位名叫奈娜·K 的學生在推特上發表了一則貼文，震撼了德國社會。她就讀於德國科隆的一所文理中學（Gymnasium），她的言論引起了廣泛的共鳴：「我即將滿 18 歲，但我對稅金、房租、保險等都一無所知。不過，我很會分析詩詞，甚至能用四國語言（德語、西班牙語、英語、法語）來分析。不可否認，我們在學校裡學到了許多重要知識，卻沒有人教導我們如何獨立生活。」

即將面臨畢業考試並離開父母獨立生活的她，指出了學校教育中缺乏實用生活知識的問題。奈娜·K 的這番言論，獲得了學生們的廣泛認同，並在德國引起熱烈的迴響。這一現象甚至促使德國政府採取行動，最終在約 110 所高中開設了生活理

財課程。

　　我們國家的情況又是如何呢？雖然在南韓的大學學科能力測驗中，社會探索的九個考科裡有包含經濟學科，但選擇經濟學的考生比例不到 2%。得知這個驚人的事實後，我感到非常地遺憾。除了經濟科目難度較高之外，更根本的原因可能源於歷史上根深蒂固的「士農工商」文化。士農工商分別是指學者、農民、工匠和商人。在朝鮮時代受到儒家影響而形成的階級制度，學者（士）位於最高階層，其次是農民（農）和工匠（工），最低階層則是商人（商）。據此，商人屬於最低賤和低下的階層。

　　儘管這種階級制度如今已經消失，但似乎還殘存著潛在的影響。人們用較貶低且輕視的方式稱商人為「小販」、「商販」（卻不會對醫師或律師使用「販子」一詞）；父母則教育孩子「不要年紀輕輕就見錢眼開」。因此，儘管在資本主義社會中，賺錢、花錢和管理錢財是生存的基本技能，許多人卻像奈娜・K 一樣，成為對金錢和經濟一無所知的成年人。然而，當他們出社會開始賺錢後，才發現自己面臨的現實是如此殘酷不堪。就算想要獨立生活，但沒有父母的幫助，根本湊不齊租房的押金，而幾十萬元的月租又昂貴得令人難以負荷。光是舉辦婚禮就至少需要 2500 萬韓元，還沒有談戀愛就已感到徬徨不已。每月辛苦工作才好不容易賺到超過 250 萬韓元的薪水，不禁讓人

感慨；一想到這樣的生活即便過 3 到 4 年，感覺也不會產生什麼好的變化，焦慮和不安便席捲而來。

倘若某一天，妳也產生這般沮喪的心情，我有話想對妳說：不要害怕，也不要感到束手無策。現在還不算太遲。只要從現在開始勤奮學習，未來一定能夠有所改變。

▶ 本金加利息再投入，就是複利的魔法

72 法則	
報酬率	本金翻倍所需要的時間
1%	72 年
2%	36 年
3%	24 年
4%	18 年
5%	14.4 年
6%	12 年
7%	10.3 年
8%	9 年
9%	8 年
10%	7.2 年

不曉得妳有沒有聽過「72 法則」？至今大約 600 年前，在 1400 年代，李奧納多·達文西的老師兼數學家盧卡·帕西奧利創立了一條計算法則，用來計算讓本金增值兩倍所需的時間。根據這條法則，當利率為 2% 時，將 72 除以 2，即等於 36 年；若利率為 3%，則將 72 除以 3，等於需要 24 年。

　　從上一頁的表格可以得知，如果沒有進行投資理財，僅僅將錢存在銀行；在存款利率為 3% 的狀態下，共需要 24 年的時間，才能將 1000 萬韓元增加到 2000 萬韓元。不過，如果你拿相同的 1000 萬韓元進行投資，並將報酬率提升到 10%，就只需要 7.2 年，等於提前 16.8 年即達成目標。

　　此外，只要妳能充分理解和運用複利的概念，那麼妳更有機會縮短上述時間。關於這個概念，阿爾伯特・愛因斯坦曾說過一段話：「世界八大奇蹟的最後一項就是『複利』。理解複利的人將賺取金錢，不理解的人反而會失去金錢。」

　　這裡提到的「複利」，指的是本金再加上利息，由此產生的利息再生利息，使得資金增長速度以幾何級數增加。舉例來說，1000 萬韓元加上 10% 的利息，1 年後就會變成 1100 萬韓元，將包含利息在內的 1100 萬韓元拿來再次投資，這就是複利的計算方式。

　　假設你將 1100 萬韓元投資在報酬率為 10% 的地方，結果會如何呢？1 年後就會變成 1200 萬韓元，2 年後變為 1300 萬韓元，8 年後則會達到 2360 萬韓元。

　　再進一步來計算，當你每年都固定多投入 1000 萬韓元的金額，以 10% 的報酬率進行投資，第一年你的 1000 萬韓元將因 10% 的利率增至 1100 萬韓元，第二年會變為 2310 萬韓元，第三年則增至 3641 萬韓元，而在第十年時將達到驚人的 1 億 6431

萬韓元。從下方的表格便可以看出，隨著年分的增加，金額也
會急劇增加。

　　總結來說，如果妳身上有 1000 萬韓元卻不採取任何行動，
10 年後依然會只有 1000 萬韓元；但如果妳善用複利來活用這筆
錢，則可以將錢增長到 1 億 6431 萬韓元。這就是複利的魔法。

投資在年化報酬率 10% 商品上的利潤變化			
年度	沒有投資 的情況	僅運用初始 投資金的情況	每年都存 1000 萬韓元再 進行投資的情況
0	1,000	1,000	1,000
1	1,000	1,100	1,100
2	1,000	1,210	2,310
3	1,000	1,331	3,641
4	1,000	1,464	5,105
5	1,000	1,611	6,716
6	1,000	1,772	8,487
7	1,000	1,949	10,436
8	1,000	2,144	12,579
9	1,000	2,360	14,937
10	1,000	2,596	16,431

單位：萬／韓元

　　我之所以建議妳儘早開始投資理財，原因就在這裡。如果妳現在沒有把錢存在銀行，而是投資在年化收益率為 10% 的產品，等到 10 年或 20 年後，藉由複利的幫助，妳將能創造出令人驚訝的財富。因此，沒有時間再哀嘆月薪太少，有些人早就開始利用複利的魔法，縮短自己變成富人的時間。

　　所以，儘早存到種子基金（一大筆錢）並開始投資吧！還有，不要忘記，妳存的這筆錢，**金額越大，複利的魔法作用也會越強烈**。300 萬韓元翻倍後變成 600 萬韓元，但 1000 萬韓元翻倍則會達到 2000 萬韓元。

投資新手最常犯的錯誤

我是一名投資分析師，雖然已經分析股市超過 20 年，但並非總是能賺錢。有一個失敗案例我至今仍印象深刻，就是我將妳的週歲宴禮金全都拿去投資越南基金。

2008 年的狀況與現在不同，比起美國等先進國家的股市，中國、巴西、俄羅斯、印度等經濟快速成長的新興市場國家，其股市受到了更多關注。特別在這些國家中，越南被譽為「下一個中國」（Next China），吸引了大量投資者的目光。當時大眾一面倒認為越南很不錯，因此我也滿懷著粉紅泡泡般的期待，將妳的週歲禮金全數投入越南基金。我甚至還想像妳長大之後，拿著我以妳的名字開設的證券帳戶，看著大幅增長的越南基金投資額，開心地歡呼並對我撒嬌道：「媽媽，我愛妳！」的

畫面。

　　可惜的是，那次的投資經歷了大慘敗。幾個月之後，由美國引發的金融危機爆發，其影響波及全球，新興國家普遍都遭受重創，越南也不例外。加上當時越南的各種金融條件尚未成熟，因此受到的影響更為慘烈。那時候我才剛過而立之年，沒有多加思索就將錢投入大眾推崇的基金，甚至還把妳的週歲禮金全數投了進去，結果付出了沉重的代價。

　　「我到底在幹嘛？」我當時認為「我又不是直接投資個別股票，而是把錢放在『基金』裡，應該比股票更安全吧！」但事實並非如此。我明明也可以選擇只投入部分禮金，但我卻將全數的禮金都投入越南基金，從未思考過虧損的可能性。我懷著不切實際的美好幻想，堅信事情會如我所願。除了錢全部虧光而感到心痛之外，更因為實在太丟臉，根本不敢對任何人提起這件事。

　　人們在進行股票或不動產投資時，通常只想著「會賺錢」，卻不太思考「可能會虧錢」這一層面。因此，當實際經歷投資失利時，人們往往會備受衝擊。投入的錢越多，心情越是沉重，什麼事情都做不了。不過，通常在這階段還不會完全放棄希望，總覺得只要再等 1 個月、2 個月，情況就會好轉，能夠收回損失的錢。但是無論等待多久，股市圖表的曲線都沒有上升的跡象，這時就會開始浮現絕望的感受。經過大約半年的心

理折磨，一心只渴望能回本。因此，一旦本金恢復，就會趕緊把錢取出來，然後搖頭嘆息道：「我以後再也不玩股票這種東西了。」

然而，幾個月過後股市開始好轉，自己賣掉的那些股票開始上漲時，又會感到後悔：「啊！早知道就不要拋售，幹嘛當初急著賣出呢？」但早已失去了勇氣，擔心會再次虧損而不敢重新嘗試。聽到身邊有人因股票或基金損失了大量資金時，就會在心裡想：「看吧！我的選擇是正確的，果然不投資比較好！」為此產生確信而完全退出市場。**不過，富人即使虧損也從不離開市場**。富人會重新調整投資組合（portfolio），等待下個機會再次來臨。因此，他們終究會賺到錢。

每當我看到那些嘗試幾次後就因虧損而完全不再關注股市的人，總會覺得非常惋惜。更令人惋惜的是，他們當中大部分的人，只要一聽說別人透過股票或基金賺了錢，又會重新進入市場。很明顯地，那個市場上不可能還有好東西，好東西已經被別人搶光了。因此，他們會倉促地挑選剩餘的商品，最終又造成虧損。

如果妳想透過投資來賺錢，那麼無論面臨何種情況，都絕不能離開市場。假設妳某次透過基金或股票損失了 100 萬韓元，解決這個問題的正確方法並非「我再也不碰基金或股票了」，而是要全面了解資金增值的方式，並針對這部分深入鑽

研。如同前文所提到的，僅僅透過銀行存款，不僅難以讓財富增值，連通貨膨脹的風險都很難避開。

　　然而，由於基金或股票的風險性和變動性極高，因此也不能草率進行，這時最需要的就是「經驗」。舉個例子，假設妳手上有 100 萬韓元，妳可以用這筆錢買進南韓 KOSPI 綜合指數前十名的大企業股票，也可以只購買電池相關企業的基金，或是購買整體股市上漲時能帶來更多收益的 ETF 基金。不過，如果妳不是將整筆錢全數集中在其中某個選項，而是分成三等分進行投資，這樣妳便可以先掌握整體市場的動向。假設 3 個月後，所有的投資都呈現負收益，妳損失了 50 萬韓元，當然心裡肯定很不是滋味，但這並不會對妳的日常生活造成重大影響。同時，這期間妳將親眼目睹自己的錢是如何在股市中運作，也會看到相關產業的運作情況。這些寶貴的經驗將會留在妳身上。妳也會更熟悉股市相關術語、對相關新聞產生好奇心，開始產生微小的變化。

　　不過，假設妳當初在投資時，大眾都推崇某間企業，妳聽聞後便將 2000 萬韓元全數投入其中。妳肯定不認為收益率會有跌到負 50% 的一天，但股票市場隨時有可能出現那種情況。問題在於，倘若收益率真的跌到負 50%，導致妳損失了 1000 萬韓元，那麼心理上一定會受到莫大的打擊，甚至影響到日常生活。而且，不管妳再怎麼後悔，那失去的 1000 萬韓元也不會再

回來。**因此切記，投資股票時必須使用閒錢，並且應該從小額開始。**

如果妳想成為很會穿搭的時尚達人，首先需要買很多衣服來嘗試。唯有親自試穿各種不同風格的衣服，才能找到自己的命定風格。假如妳只買 1 至 2 件衣服來試穿，搭配成功的機率肯定會比買 100 件衣服的人低。我之所以會在書的一開始就告訴妳沒必要買昂貴的名牌衣服，也正是出於此因。買了昂貴的名牌衣服後才發現不適合自己，自然而然就不會穿它，也會感到非常失落。但如果妳先試穿許多價格低廉的衣服，並從中找到適合自己的風格，之後再去買相同風格的名牌衣服時，失敗的機率就會大幅降低。因為妳已經透過各種經驗提高了穿衣品味，更能夠找到真正適合自己的衣服。

▶ 不要一開始就全盤投入，先用小額試水溫

投資也適用於同樣的道理。不要從一開始就野心勃勃、急於賺錢，這樣反而會像個投資小白一樣，導致最後面臨「投資失利、黯然離開股票市場」的最糟狀況。然而，如果妳慢慢地從小額開始累積經驗，雖然可能會經歷失敗，但同時也正邁向成功。妳將會藉此培養出看市場的眼光，漸漸地找到最適合自己的投資方式。當然，在累積經驗的同時也要研究金錢。假若

這次失敗了，就要試著自己分析失敗的原因，並思考下一次該
如何避免重蹈覆轍；這麼一來，才能在下次的投資中表現得更
好，這些經驗終究會為妳帶來好的結果。

　　學習任何事物都需要付學費。「一開始投資就要賺錢」
的想法，就跟「我不願意付學費」這句話沒兩樣。倘若真能如
此，當然再好不過，但這種事幾乎不會發生。想在投資時支付
最少學費的方法就是「早一點開始投資，用小額資金累積各種
經驗」。重點是，要透過這些經驗來培養投資眼光，否則當未
來妳年過 40，很可能會將自己辛苦存的 5000 萬韓元一口氣投
入股市，結果卻全盤虧損。最令人惋惜的真相在於，**虧錢歸虧
錢**，但如果此鉅額的損失是發生在 40 歲之後，這局勢將更難挽
回。因為越晚開始，需要支付的學費就會越昂貴、越沉重。

　　幸好，妳距離 40 歲還有很多時間，就算現在開始投資，損
失了 50 萬韓元，這也可能是最便宜的學費。因此，妳要儘早開
始投資並累積經驗。不管遇到何種狀況，都不要輕易離開投資
市場。**當其他人準備離場時，正是許多好貨會出現在市場上的
時機。**

Chapter 2

一定要懂的金錢心理學

大多數的股市行情，取決於投資人的心理

　　無法對別人的情緒產生同理心的人，通常被稱為「心理病態」（Psychopathy）；而證券界有一個傳聞，那就是「心理病態者很擅長投資」。投資的基礎建立在對世界變化的敏感度，不過，心理病態者對他人的痛苦無動於衷，無法與任何人建立情感連結，他們怎麼會擅長投資呢？妳可能會認為這說法不合理。然而，這種傳聞之所以存在是有原因的。

　　在投資時，心理病態者可以徹底排除情緒的干擾。他們不會因為賺錢而興奮得飛上天，也不會因為虧損而畏縮，只憑藉理性和邏輯來做決策。因此，他們理所當然能夠做好投資。

　　假設在股市持續上漲時，妳感覺所有人都在賺錢，只有自

己沒賺到，這時候就容易變得急躁和貪婪。越是這種時刻，越應該退一步冷靜地觀察周圍的情況並保持自制，但很多人做不到這一點。當股市持續暴跌，彷彿再繼續這樣下去，帳戶裡的錢就要被一掃而空而感到慌張不已時，也適用同樣的道理。

就算腦袋很清楚狀況，但只要心理狀態受到影響，就有可能在關鍵時刻做出錯誤的選擇。遇到這種情況時，必須要懂得控制情緒才能獲得成功。因此，據說賺大錢的人或投資高手經常讀佛經，他們會一邊唸著：「南無阿彌陀佛觀世音菩薩。」想買進時再忍一忍、想賣出時再忍一忍，不斷訓練自己的忍功。

然而，實際上在投資股票、看著股價圖表波動的當下，真的很難保持冷靜。因此，就連專業投資人和交易人也會不斷地訓練自己培養「精準的止損力」。在買進股票時，首先要評估在現今的市場狀態下，該投入投資本金的三成，還是八成？當市場走向與自己的預期不同時，該如何設定精準的停損點？打從買進股票的一開始，就要先設定好止損價和止損條件等再進行投資。

歐洲的傳奇投資人安德烈・科斯托蘭尼（Andre Kostolany）也曾說過：「在證券市場中，就算過度強調心理學的重要性也不為過。無論是以短期還是中期來看，心理學都決定了證券市場的 90% 行情。」

人們看似理性且極富邏輯，但令人意外的是，人們其實並

不理性。因此,人們有時會持有虧損的股票多年都不願意賣,直到這些股票變得一文不值;克制不了焦慮感,選擇在房價高點購買房產,結果淪為一輩子的房奴。我希望妳不要做出這種愚蠢的選擇。然而,我們每個人都有可能犯下這種錯誤。

因此,若想避免自己犯下難以挽回的錯誤並後悔莫及,在投資之前,有必要先學習「金錢心理學」。正如聞名全球的基金經理喬治·索羅斯(George Soros)所言,唯有懂得洞察人類的錯誤和不確定性,才能將投資、事業或人生導向成功。所以,如果妳想賺大錢,最優先的任務是洞察「人類」和「人類歷史」。

〔心理帳戶〕

薪水捨不得用，獎金卻容易花光？

以 Netflix 起始的 OTT 服務成為主流後，各平台的會員訂閱制度競爭變得相當激烈。就算 Wavve、Tving、Disney+、Apple TV 等平台的訂閱月費不到 1 萬韓元，大眾依然不會輕易按下訂閱鍵。好不容易下定決心訂閱後，就是將各種連續劇、電影或綜藝節目都瀏覽一遍，即便那不是自己之前愛看的類型。因為這 1 萬韓元的月費是從自己辛苦賺來的薪水中抽出來支付的，如果每個月只看一兩部影片，就不免產生一種虧損的感覺。

不過女兒啊，假如妳在整理衣櫥，把冬裝收起來並拿出春裝時，偶然在風衣口袋裡發現 1 萬韓元，妳會怎麼處理這筆錢呢？妳有很高的機率會立刻開開心心地把這筆「從天而降的

錢」花掉，對吧？

　　同樣是 1 萬韓元，為什麼我們會猶豫且捨不得支付 OTT 的訂閱費，但對於偶然在衣物中發現的 1 萬韓元，卻總是想立刻花掉呢？

　　傳統經濟學告訴我們，人類是理性且有邏輯的存在，因此在人類的認知中，相同金額的錢應該具有相同的效用。然而，即便是同樣的金額，「辛苦賺來的錢」和「偶然獲得的錢」的價值並不被視為同等。這種心理作用被稱為「心理帳戶」（mental accounting）。

　　根據行為經濟學大師理察・塞勒（Richard H. Thaler）的說法，大多數人的心中都有一本像企業會計帳簿一樣的心理帳簿。而這本會計帳簿中，即便是同樣的金額，也會根據金錢的來源或消費計劃的差異來賦予不同的價值。人的心思很狡猾，會將每筆錢都貼上標籤。即使是同樣的 1 萬韓元，也會被賦予不同的價值。因此，在面對薪資所得時，人們通常會想著「這可是我辛苦賺來的錢」而省著用；但對於彩券中獎、退稅錢、特別獎金、生日禮金、優惠券等意外所得則會被歸類在「其他帳戶」，較容易被揮霍。

　　假設妳在繳稅的年度計算時，被退還了 50 萬韓元，如果妳是一個理性又有邏輯的人，自然會仔細評估後再使用這筆錢，畢竟退稅只不過是將一年中多繳的稅款退還給妳罷了。但是，

大部分的人看到銀行帳戶突然多了 50 萬韓元時，很可能會如同獲得「天上掉下來的獎賞」一般，衝動地決定為自己購買一份禮物、購買不在計劃內的昂貴包包或鞋子，並為此感到心滿意足；衝動出發去度假，或者去平時絕不會去的昂貴餐廳大吃一頓。年終獲得的獎金通常也會出現同樣的狀況。

　　心理帳戶就是用這種方式，在日常生活中讓我們吃盡苦頭，阻礙人們理性消費。然而，由於它是「心理」帳戶，只要善用心理，就可以有效地進行投資和支出管理。若想避免陷入心理帳戶的陷阱，首先需要記住以下幾點原則：

▷ ❶ 如果收到獎金或退稅金，不要立刻花掉，先把錢留住

　　當妳不斷提醒自己「不可以花掉」的時候，心中的會計帳簿不僅不聽話，甚至還會不停地鼓吹妳將獎金或退稅金視為天上掉下來的意外之財，企圖使妳衝動消費。該怎麼做才能避免落入圈套呢？根據投資專家的建議，最有效的方法是「猶豫策略」。也就是說，不要立刻花掉，將這筆錢至少放置一個月以上。即使只留一個月不花掉，這筆錢的身分也會從「可隨意揮霍的意外之財」轉變成「珍貴的財產」，也就是會變身為「不可輕易花掉」的金錢。因此，如果妳不想在衝動地花掉獎金或退

稅金之後感到空虛或後悔，建議妳嘗試這個「猶豫策略」。**希望妳能謹記這個不爭的事實：計劃之外的支出，往往容易導致浪費和後悔。**

▶ ❷ 將每月薪資按用途分類管理

當妳獲得一筆錢，姑且不論它是透過何種途徑獲得的，只要這筆錢顯示在銀行帳戶上的那一刻，妳就可以設置一個「綁定裝置」，這樣就能避免錢被無意義地花掉。將每月收到的薪資加上標籤後，再分散到不同的帳戶，並按照用途來進行管理。這是善用心理帳戶的典型方法，最重要的目的是避免不必要的支出。

人生經驗告訴我們，人只要待在適合自己的位置，就不會受到損害。在用錢方面也是同樣的道理。必須將錢放在它該在的位置，錢才能獲得保護。因此，每當有錢進帳時，希望妳能把它轉移到「它該在的地方」。舉個例子，當妳收到薪水時，可以將每月固定支出的錢，如房租、管理費、通訊費等留在帳戶中；另將 50 萬韓元存入高利率的定期存款帳戶；再將 10 萬韓元存入購屋基金；並挪出 30 萬韓元存入退休儲蓄基金，最後將 10 萬韓元用作零用錢和生活費。用這種方式將薪水按用途分流，並在銀行帳戶上以標籤分類。只要打造出這樣的系統，妳

的目光將會從單一的支出（減少）轉變成累積（增加）；只要培養投資者的意識，就能讓自己不僅僅是個消費者。

假設妳投資股票後賺到了一定的金額，那麼，與其立刻再次投資，不如從中提取一部分收益、開設一個獨立帳戶也是不錯的選擇。因為人的心理狀態總是如此，一旦感覺「我賺到了」就會開始變得安逸，多設一個帳戶也能讓這筆錢不被輕易花掉。

此外，若設定好支出金錢的優先順序，就可以有效地控制過度消費。「因為 6 個月後要買車，我還是暫時不搭計程車吧！」或「上個月花太多生活費，這個月減少一些外食費吧！」等，更有意識地為支出貼上標籤。這將會是一個很棒的方法，讓寶貴的薪水被更有價值地使用。

▶ ❸ 提領現金時，不要選擇百元鈔而選千元鈔

貨幣的面額也會影響「心理帳戶」。建議去 ATM 提領現金時，要養成領千元鈔的習慣，而非領十張百元鈔。即使金額相同，人們會認為一張千元鈔的價值更高，因此更能夠發揮抑制消費的效果。即使鈔票的金額一樣，不同的呈現方式會使得這些鈔票的價值看起來有所不同，這被稱為「面額效應」（Denomination Effect，也稱大鈔效應）。

　　根據紐約大學的普里亞·拉古比爾（Priya Raghubir）教授和馬里蘭大學的喬伊迪普·斯里瓦斯塔瓦（Joydeep Srivastava）教授的研究實驗顯示，持有一張 20 美元鈔票的人與持有二十張 1 美元鈔票的人在消費模式上有所不同，擁有一張 20 美元鈔票的人比後者更節省花費。持有小面額的鈔票時，很輕易就把錢花掉，但持有大面額的鈔票時，則會因為捨不得花掉大鈔，總是會三思過後再消費。謹慎看待「大面額鈔票」的行為被稱為「面額效應」，此道理亦適用於儲蓄或投資。按照用途分流開設明確的帳戶固然是個好做法，但也可以開設如「1000 萬韓元帳戶」這種難以動搖的帳戶。這麼一來，妳就不會只是毫無目的地茫然存錢；而大筆的儲蓄額會使人捨不得動用這個帳戶，進而達到持久儲蓄的效果。

　　最後，不要忘記這個事實：妳心中的會計帳簿會根據金錢來源的不同，賦予金錢不同的評價。而妳的任務是「不論錢的來源如何，都要找到明智的用錢方法」。妳如何看待區區的 1 萬韓元？是輕看還是重視？重點不在於手中握有的錢財金額是多是少，重點在於要「寶貴地對待金錢」，希望妳務必將這點銘記在心。

〔處分效果〕

為什麼不能賣掉虧損的股票？

　　我有一位完全不懂股票的朋友，他某天投資了公開募股後，卻跟我抱怨說自己難過到快死了。「公開募股」是指為了分配新上市企業的股票而進行的申購。只要你帶著保證金（購買股票時所需的保證金）去證券公司進行申購，便能根據最終競爭率和總申購人數而被分配到一定數量的股票；前景大好的企業，在公開募股時的申購狀況往往盛況空前。（編按：此制度類似台灣的股票抽籤，差別只在於韓國需要先繳納保證金，台灣則是先扣款後抽籤，未中籤者則會退款。）

　　光是看過去 2 到 3 年之間，Kakao Games 的競爭率高達 1524.85：1，保證金高達 58 兆 5543 億韓元；以 BTS 為代表的

Big Hit Entertainment 的競爭率為 606.97：1，保證金高達 58 兆 4237 億韓元。對妳來說，1 億韓元可能是一筆鉅款，但競爭率越高，投資者能獲得的公開募股數量則越少。實際上，如果競爭率非常激烈，即便妳投入了 1 億韓元，可能也只獲得了 2 到 3 股的股票。

朋友原本期待能達到「雙漲」（雙倍公募價＋漲停），所以他在第一天就投入了上限價 3000 萬韓元，但股票卻持續下跌超過 10 天，導致他徹夜難眠。這裡提到的「雙漲」是一種縮略語，意思是「雙倍公募價＋漲停」。可以用以下公式來呈現：

$$雙漲＝（公募價 \times 2）\times 1.3（30\%）$$

假如 A 的公開募股價格為 2 萬韓元，兩倍則是 4 萬韓元，再加上 30% 即 1 萬 2 千韓元，總共就是 5 萬 2 千韓元。因此，2 萬韓元的股票達到 5 萬 2 千韓元就稱為「雙漲」。但為什麼「雙漲」很重要呢？因為一旦公開募股上市，開盤價最多可以是公開募股價的 2 倍，加上當日的漲停板限制 30%，代表一天之內最多可以看見 2.6 倍的收益。我對朋友說，因為初期流通量較大，這種狀況是可預見的，建議他放寬心等候。好險幾天後該股票反彈了，我以為朋友應該就此放心。但遺憾的是，當股價恢復到接近原價時，我的朋友便把所有股票都賣掉了。他說股

票讓他太過煎熬，現在終於覺得心情舒暢多了。我怕朋友難過所以沒有告訴他，其實那支股票後來上漲了超過 50%，而且現在依然表現亮眼。

明明只要再稍微等一下就成了，為何我的朋友卻急著賣出股票呢？這是因為我們往往將「失去」的價值放大，對於「獲得」的價值卻普通看待。行為經濟學將其解釋為「即便是相同的金額，人們在面對損失的迴避心理遠遠大於收益」（亦稱為損失迴避〔Loss aversion〕）。損失 1 萬元的痛苦，遠比賺取 1 萬元感受到的喜悅來得深刻又龐大。

▶ 兩個方法，聰明避免損失

原始時代的人類會狩獵動物並採集植物果實以維持生存。不過，在原始時代必須小心翼翼，時刻警惕是否有危險的動物或含有毒素的植物。一旦疏忽大意，就會有性命危險，還來不及將自己的基因傳給後代就已經夭折。因此，德國的作家羅爾夫·多貝利（Rolf Dobelli）曾評論道：「能夠生存下來的都是謹慎的人，而我們就是那些人的後代。」數千年過去了，我們身上擁有的基因依然對負面事物的反應更為敏感。即使不賺錢也無所謂，但就是想要避免損失。

妳依然不太懂我的意思嗎？那麼，媽媽出個小測驗給妳。

假如上個月妳的支出過多，這個月需要補繳一大筆信用卡帳單，導致妳必須賣掉以下其中一項，妳會選擇賣掉哪一項呢？

A 與初始投資金相比，賺了 54 萬韓元的半導體股票。

B 與初始投資金相比，損失了 37 萬韓元的生物科技股票。

　　以常識的角度來看，應該持續保有獲利的半導體股票，賣掉虧損的生物科技股票才是正確的做法。然而，人們傾向於賣掉漲價的股票，持續持有下跌的股票。因為一旦賣掉 B 股票，就代表自己確定損失了 37 萬元；而恐懼損失的心理使人們選擇先迴避。人們想要避免損失而將實際賺錢的股票快速賣掉，卻長期持有虧損的股票，這種現象被稱為「處分效果」（Disposition Effect）。

　　實際上，美國加利福尼亞大學商學院的教授特倫斯・歐丁（Terrance Odean）研究了一家證券公司，並抽樣 1 萬多個帳戶在 6 年當中的交易紀錄，他有了驚人的發現：在虧損的投資項目中，只有 10% 被賣出。在虧損的 10 支股票中，只有 1 支被賣掉，其餘 9 支則繼續保留在帳戶中，期待總有一天股價能上漲。

　　當然，持續等下去，股票也可能會按照預期上漲。問題是，這個等待期間也許不是一兩個月，而是需要 2 至 3 年；甚至有些人經過漫長的等待後，只等到回本就急忙賣掉。在這 2

到 3 年中，不斷面對虧損的帳戶，承受了很大的心理壓力，最終卻沒有獲得任何實質收益。

若想克服這種心理矛盾，應該怎麼做呢？好險有兩種方法可以克服。

第一，要趁價格低廉時購買。專家們一致認為，無論是再怎麼優良的股票，都一定要趁便宜的時候買入。股票價格買得太貴時，會變得難以控制心理。都已經以高價買進股票了，焦慮不安感肯定會在心中滋長，進而激發出想急忙賣出的心理。這狀況就如同在百貨公司衝動購買了一條昂貴的牛仔褲，退貨後才鬆了一口氣一般。

此外，有句話說：「不要買身邊的人都推崇的股票。」如果別人都說這支股票很好，代表該股票有極高的機率被高估。也就是說，妳無法用便宜的價格買到，通常都會買得很貴，最終導致虧損。因此，如果有想買的股票，我強烈建議妳至少研究 1 至 2 個月以上，再分批購入。

儘管如此，想用低廉的價格買到便宜的股票並非易事。但只要妳記住這個原則，至少可以減少購買別人推崇的昂貴股票，避免嚴重的心理折磨。

第二，必須懂得設置停損點。根據韓亞銀行韓亞金融經營研究所在 2022 年發布的《2022 年韓國財富報告》顯示，擁有超過 10 億韓元金融資產的富人們，每當股價下跌 15% 就會執行

止損。重要的是，只要股價下跌 15%，他們就會不加思索地立即賣出股票。這是因為他們很清楚，如果不這樣做，就會受到損失迴避心理的影響而蒙受更大的損失。因此，建議在投資前要先設定停損標準。

　　相反的情況也是一樣的道理。當妳投資的股票上漲了 30%，當然會感到快樂無比。不過，滿多人會持有「繼續放著它可能會繼續漲」的安逸態度而選擇保留股票，然後某天醒來時便發現股價暴跌、自己的帳戶嚴重虧損。因此，如果妳的投資目的並非價值投資或長期投資，那麼就需要從投資的一開始就設定好「上漲超過某個百分比就撤出」的上限。再補充說明，根據前文提到的資料，富人們平均在股價上漲 23% 時就會選擇賣出。

　　重要的是，**不論是虧損還是獲利，都必須要先設定一個目標並開始嘗試，這樣妳才能在股市這種變化無常的環境中保持穩定。**若現在妳的想法是「我有信心不會受到影響，所以不需要設定停損標準」，我希望妳立刻拋下這種錯覺。「投入了 1 億韓元在股市中，然後損失了 1500 萬韓元」那種需要進行停損的心情，沒有親身經歷過的人，是真的無法理解的。

〔韋伯－費希納定理〕

花大錢時，也要省小錢

當妳路過勞力士、路易威登、香奈兒等奢侈品店時，可以看到櫥窗集中擺設出最昂貴和最優質的商品。不論是服裝、包包還是手錶，價格都昂貴得讓人瞠目結舌。但一走進店裡妳會發現，只要普通消費者稍微大方一點，其實有許多商品是能夠負擔得起的，像是小包包、錢包或是圍巾等商品。為什麼這些相對容易購買的產品，反而不會被陳列在櫥窗展示呢？

經濟學家稱這為「定錨效應」（Anchoring effect）。據說小鴨出生後會將第一眼看見的東西認定為自己的媽媽，並且會一直跟隨牠。同樣地，人類的感知或判斷也非常主觀，容易將初次看到的物品或數字視為絕對的標準。就像船在海面上某處拋錨（anchor）後，船隻便難以遠離那個點。換句話說，就是初次看

到的數字會扭曲我們的判斷力。奢侈品牌正是利用人們這種心理，當人們在櫥窗先看到價值 1000 萬韓元的包包，然後走進店裡看到 80 萬韓元的錢包時，就會覺得價錢相對便宜許多，不知不覺就掏出錢來購買。

有些人在經歷艱難的事件後，也會透過購買衣物或物品來尋求心理上的慰藉。而且在這種時候，由於心中渴望獲得巨大的報酬，經常會發生過度消費的情況。然而，奢侈品店就是利用定錨效應來深入人們脆弱的內心，使他們買下計劃之外的商品，回到家後才懊惱自己衝動購物，卻已無濟於事。

該怎樣做才能抑制衝動性消費呢？德國學者韋伯和費希納進行了一項有趣的實驗。他們發現，如果一開始受到的刺激較弱，那麼下一個刺激只要稍微增強，人也能立即察覺到變化；但如果一開始就接受到很強烈的刺激，那麼接下來就需要接收非常大的刺激才能感受到變化。這稱為「韋伯 - 費希納定律」（Weber-Fechner's Law）。舉例來說，在只點亮一支蠟燭的房間中再點亮一支蠟燭時，可以明顯感覺變亮；但在已經點亮一百支蠟燭的房間中，就算再增加兩支蠟燭，也難以感受到明顯的變化。

如果一開始購買錢包時就選擇 80 萬韓元的商品，之後當妳看到 10 萬韓元的錢包就會覺得很便宜，但通常對於 10 萬韓元錢包不會產生想購買的欲望。因為妳已經受到了「80 萬韓元的

錢包」這一強烈的刺激，因此必須受到更大的刺激才能產生購買欲望。反之，對於擁有 2 萬韓元錢包的人而言，10 萬韓元的錢包肯定看起來十分高級。因此，若想增強對金錢的敏感度，建議從非常微小的金額開始接觸；因為如果先接觸到的是大筆金額，浪費金錢的機率就會變高。

此外，無論是消費、投資或者一切事物都存在著系統性的秩序，必須從小事情做起才能掌握整體。看看那些香水調香師，他們都會使用嗅覺訓練套組，將 30 至 50 種香味分別存放在長 3 公分的小瓶子中，一一聞這些香味來增強嗅覺能力；最後，即便隨機混合多種香味，他們也能識別出是哪些香味的組合。人類的感官很容易變得遲鈍，因此才需要將香味分成最小單位的香味，來進行日常訓練。

葡萄酒也是一樣，建議一開始先品嘗低價位的葡萄酒，之後再逐漸提高價位。從 1 至 2 萬韓元的葡萄酒入門，接著再升級到 3 萬韓元、5 萬韓元的等級，最後便能對葡萄酒有全面性的了解。但假如從一開始就喝 10 萬韓元的葡萄酒，之後就很難降低品酒的等級，也不太想了解更低價位的葡萄酒。

股票或不動產投資也適用同樣的道理。如果一開始就投入大筆金額，那麼損失 100 萬到 200 萬韓元可能會覺得不算什麼。**但如果從小額開始投資，再逐漸增加金額，就能更好地控制情緒波動且避免犯錯。**舉例來說，一個人投資了 10 萬韓元，損失

了 1 萬韓元，對他來說等於是損失了 1/10，所以會感到心痛，下次便會努力不再犯同樣的錯誤。然而，對於一開始就投入 500 萬韓元，最後損失了 50 萬韓元的人，可能會覺得損失 1 萬韓元根本不是什麼大事。這樣的人對金錢的感覺會變得麻木，小看這區區 1 萬韓元。假如持續這種狀態，自然會連大筆錢財都揮霍，在不知不覺中散盡家財。

▶ 小錢也是錢

　　杜克大學經濟學系教授丹・艾瑞利在接受經濟記者亞倫・塔斯克的採訪時，被問及人們對金錢最大的誤解為何？針對這一題，他回答了以下內容：

　　「你打算買一支筆，價格是 15 美元。你去商店挑選筆並準備付款時，店員對你說：『你的笑容很美，你看起來是個非常不錯的人。』接著他告訴你，他們的競爭對手的店就在附近，同樣的一支筆，那裡只賣 7 美元。但那間店距這間店有四條街，而且那天是個豔陽普照、風光明媚的日子。你會怎麼做呢？你會特地走四條街去買價格 7 美元的筆嗎？為了省錢，大多數的人都會選擇走過去購買。

　　這次將情境轉換成購買昂貴物品。你打算買一台最新

的數位相機，價格是 1015 美元。正當你準備付款時，銷售員告訴你，只要走四條街就有另一家店在賣同一款相機，價格為 1007 美元，便宜 8 美元，而且那天天氣也很好。當詢問說是否願意走四條街以省下 8 美元時，大多數的人都會給予否定的答案。因為在買 15 美元的筆時，8 美元看起來很多（超過了一半的金額）；但在購買價值 1015 美元的昂貴相機時，8 美元感覺就是一筆很小的金額。」

也就是說，在購買筆的時候，人們會為了省下 8 美元而走四條街；但在購買昂貴的相機時，他們卻會把 8 美元視為微不足道的小錢。即便是同樣的 8 美元，人們也會因不同的情境而產生不同的認知。

在大型超市購物時也是如此。想必每個人都曾經歷過，我們拿了許多零碎的東西，最後在收銀台結帳時，卻被加總起來很貴的金額嚇到。一次性購買多樣物品時，往往不會太在意每個零碎物品的價格。這就是為什麼人們會在購物車裡隨意放入一些不必要的物品。小錢累積起來也會變成大錢，但人們有個奇怪的傾向：在面對小錢時會表現得很大方，認為小錢沒什麼大不了的。

就像這樣，人們總是用相對的角度來評估金錢。在不同情境下，同樣的 8 美元價值也會被放大或縮小。這就是普通人

和富人之間的差異所在，富人從不會被相對性打造的錯覺所欺騙，即使擁有數 10 億，富人也不會認為 8 美元是小錢。然而，普通人在花費 1000 萬韓元時，可能會覺得多花 5 萬韓元「只是一點點小錢」。**然而，「沒有多少錢」的錯覺終究會讓妳辛苦累積的錢，神不知鬼不覺地消失不見。**

　　如果妳總是認為 1 萬韓元「沒多少錢」，那麼希望妳能自我檢視，自己的開銷是否過於揮霍。此時此刻，妳的金錢可能正在一點一滴地流失。

〔決策疲勞〕

肚子餓時，不適合買賣股票

平常我很愛護的一位後輩提交辭呈後來向我問候，告訴我他要創立一間新公司。我好奇地詢問他要開設什麼公司，他說是利用算法交易加密貨幣，目前正在測試各種策略的階段。他表示，雖然加密貨幣的價格每時每刻都在變化，但依然存在一定的運作模式，只要善加利用這些運作模式就可以賺錢。其中一個讓我感興趣的策略是在凌晨 2 點買入加密貨幣，早上 9 點賣出。

我問他為什麼要使用這種策略，他的回答非常有趣：「凌晨 2 點時，大家都會很疲倦、撐不下去而賣出，所以這時可以以較低的價格買入。而且人們通常都是在上班後、早上 9 點到

9 點半之間下單，所以到了那個時間段，加密貨幣的價格又會變高。因此，我們嘗試了凌晨 2 點買入、早上 9 點賣出的策略，透過自動交易系統運作，意外地取得了不錯的成果。」

有句話說：「如果不曾餓過肚子，就無法成為富翁；寧可少年苦。」這話有一定的道理，但苦也是有限度的。當體力處在極端的狀態時，人是無法做出正常判斷的。因此，維持良好的身體狀態比想像中更為重要。不如用上述例子來思考看看吧！整晚盯著加密貨幣的行情，思考著「我應該要繼續持有，還是要賣出？」到了凌晨 2 點左右，身體極度疲憊，急切想到回床上休息，可能會在某一刻瞬間覺得「哎呀！不管了！」便按下了賣出鍵。然而，某些聰明人正在利用你的疲憊狀態賺錢。

當人沒有充足的睡眠或按時吃飯時，壓力指數就會上升，也容易被狹隘的思想給侷限，進而做出錯誤的決定。我之所以會對著明天有重要考試的妳說：「現在讀書又能多拿到幾分？」然後強迫妳關燈睡覺，也是出於此原因。從妳的角度來看，可能無法理解媽媽為什麼要這樣做，但我認為餓了就應該吃飯、睏了就應該睡覺、太累了就應該休息。為能量耗盡的自己充電，這樣的時間非常重要。

▶ 實驗證明，越餓越容易衝動行事

　　有一個著名的實驗是由蘇格蘭丹帝大學的 Vincent 博士及其研究團隊進行，他們將參與者分為兩組。讓其中一組的成員在實驗前 2 小時進食，另一組成員則維持空腹狀態超過 10 小時。接著詢問參與者們，倘若將一開始約定要給予的獎勵改成雙倍，他們願意等候多久才拿到？令人驚訝的是，在實驗前 2 小時飽餐一頓的組別表示，他們能夠等待大約 35 天；而空腹的組別則回答只能等待大約 3 天。飽食與飢餓的組別之間的結果，差異竟然多達 32 天。這實驗明確呈現出「飢餓」對大腦的影響有多劇烈。飢餓的人容易失去耐心並變得衝動，傾向於選擇能快速獲得的小獎勵並安於現狀，不願意再花時間去等待未來才能獲得的龐大利益。**飢餓狀態對於決策會帶來負面的影響。**

　　因此，越是重大的決策，越需要在身心不疲憊、狀態良好的時候進行。實際上，普林斯頓大學也曾經做過類似的研究。他們拿以色列法庭在 10 個月當中、1000 個以上的案件判決為根據，調查午餐或點心時間前後是否存在顯著變化。結果顯示，在體力充沛的上午，假釋等較為友好的判決比例高達 65%；但在吃午餐前 11 點至 12 點間，假釋的比例只有 15% 至 20%；甚至在午餐前 15 分鐘，假釋比例竟降至零。疲倦會啟動「拖延重要決定」的心理作用，也許這就是為什麼美國著名法學家傑羅

姆・弗蘭克曾說過：「正義可能取決於法官早餐吃了什麼。」

　　現在妳應該明白，為什麼肚子飢餓時不應該隨意按下買賣按鈕了吧？當肚子餓、昏昏欲睡或身體疲憊時，做出好選擇的可能性便會大幅降低。因此，如果妳突然一肚子的無名火或負面思想湧上心頭，不如先好好睡一覺，醒來後吃些美食，然後再重新考慮也是一個好方法。身體狀態會影響情緒和大腦，只是我們經常沒有意識到這一點。

　　之前的我無法意識到這一點，所以難以控制自己的狀態。但隨著年齡增長和經驗累積，我會開始提醒自己：「之前我處於這種狀態時，曾經對於重大事件做出草率的決策並有所失誤，這次不要再這樣了！等之後頭腦清醒些再重新思考吧！」這般的自我喊話幫助我找回了理智，這也算是一種「自我客觀化」吧？

　　過度的匱乏是有毒的。當妳產生「除了我之外，大家都變成富人了！」這種焦躁感後，操之過急地購買房子或股票時，往往會招致不好的結果；這就是為什麼我叫妳在肚子餓時，不要隨意按下買賣鍵。肚子餓時，妳該做的是站起來吃些美味的食物，等吃完再做決定，才能夠做出更具生產力的選擇。

〔沉沒成本謬誤〕

適時放手，才能發現新機會

在生活中，我們有時會因為捨不得已經投入的成本而做出錯誤的選擇。即便某件事情繼續進行下去，還是很明顯會失敗且蒙受損失，我們依然無法輕易放棄。舉個例子，妳因為朋友的勸說而買了一張保單，但後來發現這個產品其實並不適合自己。此時，另一位保險業務員提供了一份在保障層面和收益上都更優秀的產品。理性來看，妳應該選擇轉移到新的保險產品才是正確的。然而，妳因為捨不得已經繳納的保險費而陷入苦惱中。

假設妳在公司裡負責推動一個新企劃，籌備了一年多，企劃的進度大約達到了七成，預計兩個月後產品就會上市，但

突然獲知情報，競爭對手在下週就會推出一款相似的產品。此時應該怎麼做才好呢？應該先了解競品與自己公司產品的相似度，若實在太過於相似，應該要考慮立即停止開發，但公司卻指示要繼續進行、不要中斷開發。這主要是因為之前投資在這個企劃裡的金額過於龐大，無法就此放棄開發。

「協和號客機」（Concorde）就是其中一個經典案例。1969年，英國和法國成功地共同開發出世界上第一架超音速客機「協和」。其速度比常規客機還要快 2 倍以上，原本從巴黎到紐約的航程需要 8 小時，協和號客機只需 3 小時左右即可完成，受到全世界的矚目。然而，由於座位不到 100 個，且燃油成本過於昂貴，使得票價高達 2000 萬韓元，願意搭乘的乘客並不多。此外，超音速客機在飛行時，會在空中產生巨大噪音，引起民怨爆發；對於飛機最快飛行速度的限制也非常多。

透過後續公開的紀錄顯示，其實英國和法國早就知道協和號客機賺不了錢，但他們難以放棄「世界第一架超音速客機」的頭銜，所以不願意中斷這項事業。直到 2000 年因飛機失火導致乘客全員遇難，此悲劇事件成為轉折點，使得社會大眾對協和號客機的負面觀感暴增。最終，協和號客機在 2003 年正式停飛，迎來了不光彩的結局。

▶ 放棄雖然難受，但可能因此出現更好的機會

在經濟學中，已經支付且無法收回的成本稱為「沉沒成本」（Sunk Cost）。明知失敗的機率極高，卻因為捨不得已經投入的成本而繼續投資，這種行為被稱為「沉沒成本謬誤」。行為經濟學家理察‧塞勒指出，人們常常對於已經投入的時間、努力和金錢等沉沒成本表現出過度且不合理的執著。「這個企劃已經投入了這麼多資金了！」「現在放棄，之前投入的時間和努力就白費了……」「已經等了這麼久，稍微再多等一下吧！」人們會說出這類的話，然後持續將錯誤的決策推動下去。

大學落榜後選擇重考第二次、第三次甚至第四次；準備公職考試或外交考試的人連續落榜了五、六次卻仍然不放棄、一再挑戰，這些狀況也都可以被視為「沉沒成本謬誤」。當然，也許重考四次後真的如願以償進入了理想的大學；公職考試落榜了六次，但可能再考一次就考上。若最後成功了，是否就代表「沉沒成本謬誤」也不復存在了呢？

假設一名考生重考後仍未能進入理想的大學，於是他決定不重考第三次，而是選擇就讀其他大學，並在那裡發現了意想不到的新興趣。若當初他選擇重考第三次，這個發現新大陸的機會就會直接蒸發。因此，**若不想做出錯誤的選擇，就應排除已經發生的成本，觀察眼前的狀況，並以客觀的角度來分析未**

來展望。為此，妳至少需要冷靜地評估，這些選擇將導致妳放棄什麼。

　　然而，經濟學家丹・艾瑞利（Dan Ariely）在《金錢心理學》一書中提到，每當詢問人們：「買新車時，你肯定得放棄一些東西，那個東西是什麼？」大多數的人都無法給出具體答案。如果買車時選擇分期付款，妳可能必須放棄即將到來的暑假、延遲學貸的還款，或許還得減少生活開銷。就像這樣，妳要先推算其他眾多的機會成本，藉此評估看看，放棄這些機會成本來購買新車是否值得。然而愚昧的是，人們往往不考慮未來的機會成本，只看見自己已投入的金錢和時間並沉浸其中，而忽略他們實際上因此錯過了什麼。

　　當妳花了好幾個月的時間努力籌備一個企劃，到頭來卻必須全盤推翻，誰不會感到心痛呢？不得不放棄自己奮鬥多年的公務員考試，心情又會多麼痛苦呢？但如果放棄才是正確的做法，就要果斷地下定決心。所謂「人生轉捩點」，是當妳將長期緊抓著不放的事物放下，把握新機會時才會出現的。

　　我認識一位後輩，她與男友多年來反覆分分合合，最後終於下定決心與對方提出分手。兩年後，她遇到一位非常棒的人並訂下婚約。倘若她當時心想「沒有比他更了解我的人了」，而仍舊與前男友分分合合，現在情況會變得如何呢？光用想的就讓人頭暈。

　　所以，孩子啊！假如妳覺得現在某件事應該喊停了，卻因為捨不得之前投入的時間、努力和金錢而難以中斷時，我希望妳能重新仔細思考。在妳不願放手的期間，是否有更大的機會從妳身邊溜走了呢？有時候，沉沒成本比我們想像的還要龐大，放棄會使我們非常難受，但只要思考到未來，也許妳就會發現，放手真的不算什麼。

〔肥尾效應〕

選擇不影響睡眠的投資

　　1900 年代初期，創下驚人收益率的紀錄並躋身傳奇投資人行列的傑西・李佛摩（Jesse Livermore）在《股票作手回憶錄》一書中說道：「凡是居住在太陽系的人類，總有機會遭遇晴天霹靂般的打擊。這再次提醒了我們一個悲哀的事實：沒有任何人能夠完全擺脫外部的負面影響，總是對市場作出正確的判斷。」

　　這是他在「盧西塔尼亞號沉沒事件」發生之後所說的話。1915 年 5 月 7 日，重達 3 萬噸、往返於英國利物浦和美國紐約之間的豪華客輪盧西塔尼亞號，承載著約 2000 名的乘客和船員通過愛爾蘭金塞爾海域。

　　然而，德國潛艇為了阻斷戰爭物資運輸，無情地將載有平民的盧西塔尼亞號擊沉。此事件導致船上 128 名美國人喪生，

使得當時仍持有中立態度的美國決心參與第一次世界大戰。

直到事件發生之前，傑西‧李佛摩的投資帳戶一直呈現穩定增長。然而，當這個消息傳開來後，在短短 5 天內，美國道瓊斯指數就暴跌了超過 10%，他在短短的期間內就被迫承受巨大的損失。他完全沒預料到會爆發這個事件，就跟被雷電打到沒兩樣。

在人類歷史上發生的無數災難中，造成大量死亡的典型例子就是西班牙流感。西班牙流感於 1918 年首次爆發，在兩年內奪去了全球 2500 萬至 5000 萬人的生命，這比 14 世紀中期黑死病襲捲歐洲時的死亡人數還要多，至今仍被認為是人類歷史上最大的災難。

人們曾經認為，地球上不可能再出現如同西班牙流感這種使全球停擺的傳染病了。他們認為，在科學技術和醫學高度發達的今天，這樣的事情絕不可能再次發生。

然而，2019 年 12 月在中國武漢爆發的 COVID-19 在一瞬間蔓延到全球各地。不僅需要封鎖村莊和城市，甚至連各個國家都鎖國；無法清理的屍體橫陳街頭，目睹這些恐怖場景的人們都深感震驚。正當時隔百年再次爆發的傳染病撼動全球，2022年又爆發了俄烏戰爭。相信妳也很清楚，這場戰爭引發了時隔40 年的通貨膨脹，讓全世界都痛得哀哀叫。

百年一遇的疫情，40 年一遇的通貨膨脹……面對這些完全

料想不到的異常事件，讓我再次想起傑西・李佛摩的話：「凡是居住在太陽系的人類，總有機會遭遇晴天霹靂般的打擊。」我刻骨銘心地感受到，隨時都可能會爆發意想不到的事件，預測也有出錯的可能。

這種情況在數學上被稱為「胖尾巴」，即「肥尾」（fat-tail）。這是金融市場中最常被拿出來討論的統計術語之一。大多數的人都認為，不管是股票還是債券，都只會在過去出現過的波動範圍內上下移動。不過，世界並沒有那麼單純。出乎意料的事件爆發後，通常會延燒到許多其他事件，並帶來重大的影響。「肥尾」所代表的涵義為：原本被視為「遠離平均水平、極不可能發生的事件」竟然意外地頻繁發生，帶來大幅震盪。

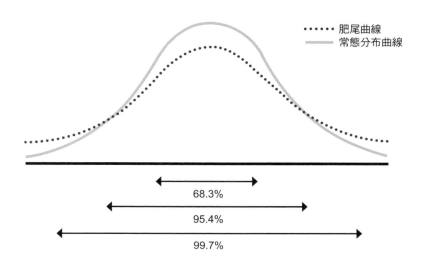

妳在數學課上有學過常態分布（高斯分布）曲線，對吧？在左圖中，灰色線條正是呈現常態分布的機率分布圖曲線，而虛線則是肥尾曲線。這世界許多現象基本上都用常態分布曲線來解釋，看得出來灰色線條的兩端，也就是左右兩側尾部很細，對吧？這在數學上代表著幾乎不可能發生的事件，發生機率非常低。

以 2022 年南韓國家技術標準院的報告為例，南韓男性的平均身高是 172.5 公分，女性的平均身高是 159.6 公分；依照左圖的曲線，和平均值偏離一個標準差以內的人數，占總人口的 68.3%，而偏離兩個標準差以內的人數，則占總人口的 95.45%。身高 140 公分或超過 2 公尺的人極其罕見，因此兩端的尾部非常細。除了身高之外，還有體重、酒精銷售量、大學入學考試成績等日常生活的各種層面，都可以使用常態分布曲線來解釋。

然而，在金融市場上發生的事情，通常都不會遵循常態分布曲線，反而更常遵循兩端尾部較厚的肥尾曲線。因此，本以為發生機率很低的事件突然在某天爆發，未能預測到這些狀況並投資的人們則遭遇了金錢的虧損，這樣的情況屢見不鮮。

舉個例子，在 2015 年，與歐洲和美國國債連動的 DLS（衍生結合證券）商品大量賣出。當時大眾普遍認為「利率怎麼可能會是負的」，只要這些商品的利率不進入負值範圍，就能提供相當高的利息，所以在當時的人氣很旺。例如，只要德國的

利率高於負 0.5%，就可以提供 4.2% 的年利率；但如果利率跌至負 0.7% 以下，則會損失全部本金。

　　因此，銷售這些產品的人會說「除非德國垮台，否則不可能會損失本金」、「利率怎麼可能會掉到負值啊？」藉此安撫人心，而投資者們也相信了這一點。當時沒有人預料到，投資被譽為歐洲經濟強國之一的德國國債後，不但沒有得到利息，甚至連本金都有可能會賠光光。然而，那個「萬一」真的發生了。德國 10 年期國債的利率跌至負 0.7%，瑞士 10 年期國債的利率甚至跌至負 1.1%。因此，投資這些 DLS 的人們大量提出抗議，在當時造成了相當大的轟動。

　　想像一下，假如有人向妳推薦那個產品，妳能預料到投資德國國債後，不僅拿不到利息，甚至還會出現負利率嗎？肥尾曲線告訴我們一個事實：那些妳曾認為「應該不會發生」的事情，都可能頻繁地發生在金融市場上，甚至讓妳失去所有的金錢。

　　因此，南韓有句俗諺「過石橋前也要先敲一敲再過」，凡事都得小心為上才正確。被高利率誘惑而將全數的積蓄投入該產品，是絕對不應該做的愚蠢行為。實際上，我遇到的富人們都非常謹慎、異常理性，甚至有點疑心病。不管面對何種產品，他們都會反覆詢問數次，甚至到了有點病態的程度；即便確認毫無異狀，也不會全數投資。因為世事難料，這些富人們為了應對那些不可預見的風險，早就養成了預留現金的習慣。

▶ 如果這項投資會讓你無法入睡，就不是好選擇

我們通常都只能仰賴過去的數據來做預測。當某件事發生時，我們會先檢視那件事可能延伸出來的變數。若想知道該如何應對，就需要先查找相關統計資料，檢查有可能成為變數的項目，並將這些結果彙總來做出預測。然而，若過度依賴過往的數據來預測未來，就會導致錯誤的產生。因此，我們不應盲目地相信統計數據，或相信「投資這裡絕對可以賺錢」這類的話。**我們應該像那些富人們一樣，接受「從未發生過的事，隨時都有可能發生」的事實，並為此做好全面的準備。**

假設妳投資了 1000 萬韓元，卻因為突如其來的事件，而讓妳在一夕之間賠掉了 900 萬韓元。倘若這筆錢是妳的全部財產，妳的日常生活肯定會立即崩潰，想必也會輾轉難眠。然而，如果妳只投資了 1000 萬韓元中的 1/10，也就是 100 萬，狀況就會有所不同。妳身上還有 900 萬韓元，所以比較不容易受到影響，也足夠支撐到狀況好轉。

正因如此，《致富心態》的作者摩根·豪瑟（Morgan Housel）才說出這段話：「就算資產的價值下跌了 30%，你依然能生存下來嗎？在試算表上看起來也許是如此，將所有該支付的費用支付完畢後，說不定你的現金流還是正值。但心理上呢？資產價值下跌 30% 時，會對我們的心理造成什麼影響？我們都低估

了心理層面的影響。我認識不少因投資虧損而筋疲力盡，然後就此放棄的投資人。他們都感到身心俱疲。試算表很擅長告訴我們這些數字是否合理。然而，當我們在深夜哄睡孩子，心中擔憂地想著：『這次投資決策如果出錯，會不會影響到孩子的未來？』時，試算表卻無法估算出我們的焦慮指數。」

因此，摩根‧豪瑟強調在管理財富時，應該尋找不會導致失眠的安心方法。「這個選擇能讓我晚上睡得好嗎？」這個自我提問應是所有金融決策的重要指標。據說他預期未來的收益率會比歷史平均低 1/3，因此存了更多的錢。也就是說，假設歷史平均收益率為 8%，而他連未來不可預測的突發事件導致的重大金錢損失都考慮進去，因此才將預期收益率設定為 2.7%。他的做法就跟我之前提到的富人們一樣。

神奇的是，華倫‧巴菲特在 2008 年時也對波克夏‧海瑟威的股東們說過類似的話：「我向信用評等機構和我自己承諾，我始終會持有足夠的現金來經營波克夏‧海瑟威。即使可以賺取更多利潤，我也不會選擇會讓自己輾轉難眠的方案。」

因此，如果妳不想把錢賠光，就應該問問自己：「這項投資能讓我安然入睡嗎？」如果答案是肯定的，那麼這很可能是個明智的選擇。

Chapter 3

有錢人都這樣賺錢

有錢人不會告訴你的致富祕訣

「富不過三代」，這句話指的是財富難以傳承三代。綜觀世界歷史，能夠維持財富超過 300 年的家族非常罕見。即使是世界聞名的義大利麥地奇家族，也僅維持了約 200 多年的富裕。然而，韓國慶州崔式家族卻連續九代都培育出進士，連續十二代糧倉收穫量達到萬石。他們究竟是如何維持超過 300 年的富裕呢？崔式家族世代奉行了如同家訓般的六大原則，具體如下：

第一，不得擔任超過進士的官職。
第二，財產不得累積超過萬石。

第三，對過客要慷慨相待。

第四，飢荒之年不得購買他人田地。

第五，嫁過來的兒媳婦須穿粗布衣服 3 年。

第六，方圓百里內不能有人餓死。

孩子，妳最好奇哪一項原則？我之前最好奇的是為何在荒年不能購買他人的田地。後來我才搞懂，原來在朝鮮時代，當遭遇嚴重飢荒、民不聊生的危機時，人們常迫於無奈賣田地來換取糧食。但在糧食稀缺的情況下，田地常常被賤價拋售。對於糧食充足的有錢人而言，荒年反而成為可以低價購田、增加財富的絕佳機會。

然而，崔式家族嚴禁這種行為。他們認為買下那些賤價拋售的田地，被迫賣出的田地的人們心中積累的怨恨會對家族不利，這種舉動對家族毫無益處。

崔式家族更在飢荒之年，在位於慶州校洞的宅邸發放糧食給飢餓的鄰里，確保方圓百里內無人餓死。若以近代的概念來計算，百里範圍以東是從慶州到東海岸；以西到永川；以南到蔚山；以北則到浦項。崔氏家族認為，不僅自己要好過，鄰里也要共榮，這樣家族才能維持長久的繁榮。

「財產不得累積超過萬石」這一原則也出於相似的緣由。在朝鮮時代，有些佃農會支付租金來租地耕作，據說當時的租

金約為收成量的七到八成。如果按照這種計算方式，崔氏家族的財產就會超過萬石，因此不得不降低租金。以佃農的立場來看，由於可以少付些租金，所以佃農們都爭先恐後地想與崔氏家族合作。他們也希望崔氏家族的田地能夠增多，崔氏家族必須要繁榮，他們自身也才能更興旺，這便是實現了「互利共生」的經濟模式。崔氏家族之所以可以維持 300 年來的富裕，正是因為他們積極實踐了「互利共生」哲學。他們認為，在周圍的人逐漸餓死的情況下，只顧自己持續豐收是毫無意義且不符合道義的。

此外，崔氏家族要求嫁過來的兒媳婦須穿粗布衣服 3 年，目的是為了讓她們養成節儉的習慣。這種美德雖然人人知曉，卻還是刻意列為六大原則之一，從這一點就佐證要實踐這些原則有多麼困難。也再次提醒我們，有錢人的根基奠定於節儉和簡樸。

▶ 有錢人通常有四種特質

然而，為何他們要對後代千叮萬囑，絕對不得擔任超過進士的官職呢？又為什麼將此列為首要的教誨呢？深入了解其原因後，我對崔氏家族的遠見深感佩服。這與我在擔任投資分析師時所接觸過的有錢客戶（無論是天生富裕的金湯匙還是白手

起家的人）的共通之處不謀而合。

第一，有錢人認為風險就是風險。閱讀過一些投資相關書籍後，你會發現書中都會這樣教導：「風險（Risk）和收益（Return）就像硬幣的兩面一樣。若想賺錢，就必須承擔一定的風險。所以，如果預期收益高，相應的風險也越大；預期收益低，風險也相對小。」

然而，我所遇到的有錢人從不在風險與收益機率相當的情況下進行投資。他們總是願意耐心等待，只在幾乎沒有風險且收益率極高的不對稱產品上投資。

崔氏家族之所以告誡子孫不要擔任比進士更高的官職，原因也很雷同。在朝鮮時代，「進士」是指通過科舉考試複試的人，這不僅僅是一種官職，更是維持兩班（貴族）身分的最低資格。然而，在朝鮮時代，官階越高的人，常常會不由自主地捲入黨爭，一不小心便導致家族在轉瞬之間變得衰落。因此，崔氏家族認為，雖然擔任進士以上的官職可以獲得名譽，但那也只是短暫的，而且一旦出錯，甚至可能會導致家族滅絕，風險太大。所以他們打從一開始就嚴格規定，不讓子孫們去追求高官。這清楚地顯現出有錢人如何徹底地管理風險，也間接顯示了在現實中同時掌握財富與權力是多麼困難，因為崔氏家族為了守住財富，選擇放棄權力。

第二，有錢人認為守住財富比賺錢更為重要。或許有些

人會認為，既然都已經是如此富有了，自然不需要再多賺，重視守住財富是理所當然的，但這是一種誤解。如果價格下跌 10%，就必須上漲 11% 才能恢復原價；如果價格下跌 50%，則需要翻倍（上漲 100%）才能回到原價。有錢人出於本能地知道，失去財富很快，但要恢復財富卻需要花費更多的努力。因此，他們對於守住財富是更為重視的。

此外，不論是誰，一旦遭受損失，都會在精神上受到重創。大多數的人會認為，「其他人成為了富翁，只有自己什麼都不做」是最大的風險，但有錢人的看法不同。有錢人很清楚，倘若因一時的錯誤判斷而失去辛苦積累的財富，這對自尊會帶來致命性的打擊，而且難以恢復。因此，有錢人會想盡辦法不失去金錢、努力守護金錢。他們很清楚，只要保持心理健康和正面的態度，嶄新的機會隨時會來敲門。

第三，有錢人不進行分散投資。 在投資界有一句非常著名的格言：「不要把所有的雞蛋全都放在一個籃子裡。」這句話的邏輯是，即使一顆蛋碎了，為了讓其他顆蛋能夠存活下來，應該將投資分散到不同的資產中。比如說，如果妳已經持有 LG 能源解決方案（LG Energy Solution）的股票，那麼妳也應該要同時投資於歐洲公司債，也要買黃金、買美元。然而，令我感到意外的是，我遇到的有錢人通常不進行分散投資。一個人能消化的資訊量是有限的，當資訊範圍擴大時，人們更傾向不去深

入了解而是草率判斷，這便增加了失敗的機率。因此，有錢人只集中於他們明確了解的領域來進行投資，對於自己不熟悉的領域則絕不投資。反之，對於不熟悉的領域，他們也會非常努力地學習，直到充分了解為止。

　　第四，有錢人總是無私地請身邊的人吃飯。他們心裡很清楚，有價值的資訊最終都是來自「人」。因此，他們會善待身邊的人，也會盡量滿足他人的請求。舉個例子，如果某家藥廠推出了一款新藥，而你想了解那款藥的效用，那麼向擔任醫師或護理師的朋友詢問是最合適的。但如果平時從未聯繫，突然打電話詢問，朋友難道會好好回答妳嗎？也許朋友會不太高興，覺得妳只有在需要時才打電話聯繫，感覺自己被利用了。所以，有錢人平時就會經常請身邊的人吃飯；就算是小事，只要有獲得幫助或情報，也一定會表示感激。

　　慶州的崔氏家族亦是如此。在朝鮮時代，路過的遊客常常在一些不認識的貴族或者有錢人的房裡借宿幾天，但是唯獨崔氏家族對遊客的招待格外慷慨。他們一整年的耕作收穫量約為3000石，其中有 1/3 的分量，也就是 1000 石會用於款待遊客。也許正因如此，崔氏家族的遊客人數有時甚至會超過 100 名。甚至對於借宿後要離去的遊客，還會贈送給他們秋刀魚和一日份的糧食，以及幾文錢作為旅費。

　　遊客們對於免費提供住宿和食物的崔氏家族感到感激，便

會毫不藏私地分享自己在全國各地旅行時的所見所聞。在當時那種交通不便且難以旅遊的情況下，這些遊客就如同隨時隨地將最新情報傳遞出去的使者。多虧有這些遊客，崔氏家族無須親自遊歷全國各地，也能夠快速掌握世界的變化和趨勢。

有付出才有收穫。假設崔氏家族沒有慷慨地款待遊客，就不會有那麼多人前去拜訪他們；這麼一來，崔氏家族便不需要送出那麼多穀物，也可以累積更多財富。在那樣的情況下，他們很難掌握世界的趨勢，想必也難以長期維持富裕。

很多人通常持有「有錢人很吝嗇」的偏見。然而，我遇過的有錢人雖不會隨意揮霍金錢，但他們都很樂於幫助周圍的人、請他們吃飯。他們從不為了自己奢侈，但對於幫助過他們的人，一定會回報；即便未來的關係未卜，他們依然會全力款待每個當下所遇見的人。請客吃飯、回報他人的舉手之勞等，這些善意的表現看似微不足道，但這些行為加總在一起，終究會左右財富的大小，因為蘊含真誠的言行最終會感動人心。

因此，如果可以，我希望妳不要只說一句「謝謝」就結束；就算是請頓飯也好、買個小禮物也行，希望妳能用這種方式來回報對方。雖然成為一個樂於請客的姐姐或前輩可能要花費不少錢，但希望妳不要覺得那是一種浪費。那些被妳請過客、被妳表示過感激的人們，終究會塑造妳的聲譽，也會在關鍵時刻出面幫助妳。

　　當妳因人而內心受傷或感到心煩意亂時，我希望妳能記住漢朝的歷史學家司馬遷的話：「若想活一年，就種稻；若想活十年，就種樹；若想活一百年，就行善積德。」

大家都不看好時，或許是出手的好時機

　　許多有錢人搶著推薦的書《一個投機者的告白》（*Die Kunst über Geld nachzudenken*）的作者安德烈・科斯托蘭尼（André Kostolany），他是一位備受尊崇的歐洲傳奇投資人。他大獲成功的一些投資案例廣為人知，至今仍然是熱門話題。

　　1991 年蘇聯解體後，被俄羅斯接管。科斯托蘭尼相信，俄羅斯將會償還 100 年前在沙皇時代發行但未兌付的國債。因此，他持續不斷以低於 1% 的價格穩定地收購被市場視為垃圾的國債。周圍的人都嘲諷他這舉動跟瘋子沒兩樣。

　　然而，1996 年當俄羅斯面臨需要發行新國債的情況時，為了證明俄羅斯正式繼承了沙皇時代的債務，他們決定償還 100

年前的國債。科斯托蘭尼的想法完全正確，他因此獲得了巨大的收益。即使處於眾人皆反對的情況下，他依然確信自己的觀點並勇於推動，最終得到驚人的成功。

以共同基金（Mutual Fund）廣為人知的富蘭克林坦伯頓成長基金（Templeton Growth）的創始人約翰‧坦伯頓爵士（John Marks Templeton）也是如此。1939 年 9 月，當聽到德國入侵波蘭的消息時（第二次世界大戰爆發），他在紐約證券交易所挑選了 104 支當時交易價格低於 1 美元的股票，投資了 1 萬美元，最後取得了巨大的利潤。當人們因戰爭感到恐慌而紛紛賣出股票時，坦伯頓卻反其道而行之，透過投資賺得巨大成功。

從上述的例子可以發現，歷史上取得巨大成功的傳奇投資者們身上都有一個共通點。他們都避開大眾蜂擁而至的道路，選擇了少數人行走的路，進行逆向投資。當眾人嘲笑他們瘋了的時候，他們依然堅信自己的看法、繼續投資，最終取得了成功。甚至坦伯頓爵士在接受《富比士》的採訪時表示：「『哪裡最有希望？』這種問法是有誤的。應該詢問『哪裡最絕望？』這才是最正確的問法。」**他認為在悲觀論達到極端時，正是該購買股票的時機。**

「當悲觀論達到極端」指的是股票和不動產暴跌，經濟危機湧現的時刻。這種時候，新聞上會大量出現「韓國綜合股價指數 KOSPI 創新低」、「房地產的谷底究竟在哪裡？」等報導，

人們不僅無法獲利，還會因為股票價值砍半和每天都貶值 1 億韓元的房價而陷入恐慌。當手中持有的股票價格開始下跌超過 50% 時，人們整天都在擔憂：「明天如果再跌怎麼辦？現在賣出是否比較好？」在這種時刻，妳能夠鼓起勇氣再買入更多股票嗎？

令人惋惜的是，大多數人在悲觀情緒高漲的情況下，通常會選擇賣掉手中持有的股票；即使沒有賣掉，也會陷入極度焦慮，變得非常敏感。舉例來說，當妳投資了 5000 萬韓元，但不到 10 天的時間就看到 2500 萬韓元飛走；這種情況下還想保持心態穩定、冷靜應對是非常困難的。因此，在金融市場上，比起關注市場的實際狀況，我們更應該全神貫注地觀察人們的心理狀態變化。

為了應對這種情況，投資者常參考的指標之一是 CNN 發布的「恐懼與貪婪指數」（Fear & Greed Index）。這個指數主要在衡量人們的投資心理，恐懼與貪婪指數在 0 到 100 之間波動，分為極度恐懼（Extreme Fear）、恐懼（Fear）、中立（Neutral）、貪婪（Greed）和極度貪婪（Extreme Greed）這五個等級。當人們認為自己會損失掉全數金錢而到達極度恐懼（指數低於 25）的階段時，通常表示股市已跌到谷底；而當人們為了賺錢而殺紅了眼，達到極度貪婪（指數高於 75）的階段時，通常代表股市已經達到高峰。實際上，2008 年雷曼兄弟公司爆發金融危機時，

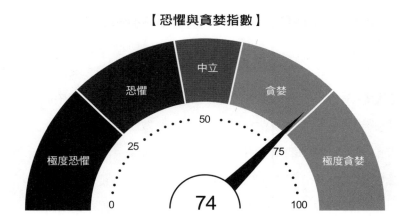

恐懼與貪婪指數曾一度暴跌至 12 的低位；同樣地，2023 年 3 月
新冠肺炎疫情蔓延，引發全球經濟衰退的擔憂時，該指數也曾
下降至 13。

　　投資者們善用「恐懼與貪婪指數」的方法非常簡單。當指
數處於恐懼階段時，他們會買進股票；而當指數上升至貪婪階
段時，則視為可以賣出被高估的股票的良機。當人們陷入恐懼
中，忙著拋售股票時，他們則會進場買進股票；當人們被貪欲
蒙蔽了雙眼，失去理智地大量購買股票時，投資者們反而會賣
掉股票。

▶ 當大家都在賣股票時，是買入的好時機

　　然而，走上跟別人完全相反的路絕非易事。當恐懼來襲時，必須能夠承受心理的恐慌並做出理性的判斷；但現實中處於這種情況時，人們往往會焦慮不已，導致做出錯誤的決定。人們害怕明天股價會繼續下跌，寧願賣出股票承受龐大的損失，然後暫時遠離股市好一段時間，不再理睬股市動向。

　　反觀那些大家公認的投資大師，他們大多都經過充分的自我訓練，能夠徹底控制心理上的情緒波動。關於這一點，被譽為世界級投資大師的吉姆・羅傑斯（Jim Rogers）在《資本家的冒險》（*Adventure Capitalist*）一書中這樣說道：「如果說我有什麼優點，那就是面對所有人都放棄、舉手投降的產業或國家，我會鼓起勇氣、憑直覺或者直接愚蠢地買入股票。即使被所有人戲稱為傻子，我也會毅然執行。當你決定買入股票、但所有人都反對時，代表你的判斷很可能是正確的。**所有人都反對是個很好的指標。**」

　　因此，假如妳希望成為有錢人，就需要擁有逆風而上的勇氣，堅守自己所堅信的事情，也需要擁有不被別人的批評指教所動搖的膽量。成為有錢人之路，往往是他人不屑一顧的、狹窄且艱難的路。

善用運氣，而不是被運氣打敗

在汝矣島，有一些很會投資股票的高手。其中，有些人被稱為股票天才，連續多年獲得基金經理（Fund Manager）獎；還有些人因為精準預測主要股票（leading share）而聲名大噪，一夕之間壯大公司；緊緊跟隨著潮流，使收益率達到高峰的「勇敢代理們」；以及提升目標價格，負責的每個項目都大獲成功、專攻生物科技的某位投資分析師。然而，大部分的人最終都被默默地遺忘了。有些人離開了投資圈，轉職至一般企業；也有些人離職後成為全職投資人，但大部分的人都未能重拾昔日的輝煌戰績。曾經達到驚人的收益率，賺取大量財富並一舉成名，卻無法長期維持那種高光時刻。

　　為什麼會這樣呢？我投身於投資圈已經超過 20 年，期間我曾多次親自接觸或間接聽聞他們的故事。我畢竟是普通人，每次遇到這樣的情況，我也會心生羨慕，也想知道該怎麼做才能像他們一樣獲得高收益。後來，當看到他們消聲匿跡時，我感到既惋惜又害怕。為什麼有些人會被遺忘，而有些人卻能一直生存下去呢？

▶ 你不是天才，牛市才是

　　許多專業投資者大多是仰賴直覺來進行股票投資（儘管他們自己可能不這麼認為）。他們每天都會毫不遺漏地跟進最新的新聞，勤奮地走訪企業，並且為了了解業界的動態而與朋友們安排了滿檔的午餐約會。然而，問題在於，他們在過程中獲取的資訊量過多，必須評估其重要性來決定優先順序，但最終決定還是出於個人的內心。他們看似綜合各種情報、經過多次分析後得出結論，但事實上，大部分投資依賴的還是直覺。

　　因此，當市場趨勢改變後，依然能持續獲利的基金經理，以及能持續做出精準預測的投資分析師非常稀少。曾被譽為天才並聲名鵲起的人們，之所以會隨著時間的流逝逐漸被淡忘，正是出於這個原因。曾在科技股投資中表現亮眼的投資者，當能源股和配息股的投資週期來臨時，卻往往無法取得好成績，

這也證明了許多投資者在投資時，大多是依賴與生俱來的特質和直覺。

因此，不管是不動產、股票、成長股或價值股，無論是牛市還是熊市，很少有人能夠持續穩定地獲利。也就是說，想長期維持大好名聲是非常困難的。正因如此，華倫‧巴菲特和查理‧蒙格才會被稱為世界級的偉大投資者。他們在超過 90 年的人生中，經歷了戰爭、傳染病、通貨膨脹、經濟衰退和泡沫化等無數的經濟危機，卻仍然持續獲利和成長。

然而，令人驚訝的是，華倫‧巴菲特將自己的成功都歸功於自己中了「卵巢樂透」（Ovarian Lottery）。他說：「我生於 1930 年的美國，而非阿富汗；在重男輕女的時代中，我誕生為一位男性而非女性，甚至還是白人；更幸運的是，在我出生的這個時代中，擁有企業價值的評估能力可以獲得高度的回報。」

1930 年代出生於美國的白人男性有數百萬人，但並非每個人都像華倫‧巴菲特那樣成功，以至於有些人可能會認為他過度謙虛。然而，當我讀到這段話時，卻感到背脊一陣發涼。為了獲得成功，除了努力之外，也一定要有運氣；而他謙遜地承認並接受自己的成功中也包含著「運氣」的眷顧。

我們通常在看到別人取得巨大的成功時，就會羨慕到肚子痛，並想貶低他們說「那只是運氣好罷了」。但相反地，換自己獲得成功時，我們卻會說完全是出於自己的實力和努

力。然而，越是大獲成功的人，越會謙遜地承認運氣帶來的果效。對此，哥倫比亞大學商學院教授麥可・莫布新（Michael J. Mauboussin）在《長勝》一書中提到：「巨大的成功是實力、機會和運氣結合而成的結果，僅靠實力無法爬到最高的位置。」他強調不應該忽視運氣帶來的影響。他警告大眾，若搞混實力和運氣，將會犯下重大的錯誤。關於這一點，投資界有一句著名的話：「你不是天才，牛市才是。」

　　在牛市中，大部分的人都會賺到錢。之前在 2021 年就是如此。當時，KOSPI 指數從 2200 萬點飛漲到 3000 點，很多人一夕之間就賺了數億韓元。數十萬人跟風湧入股市，企圖趕上這波賺錢的潮流（甚至讓代表股票投資新手的「股市小白」這個詞變得非常流行），其中大部分的人確實賺到了錢。然而，時間不到一年，情況就發生了變化。KOSPI 指數從 3000 點急速下跌，因著新冠疫情、俄烏戰爭和通貨膨脹等因素，無數的人蒙受了龐大的損失。股市的狂風呼嘯而過，留下的景象慘不忍睹，無法用言語形容。

　　在 2021 年投身於股市的人們之所以能夠大獲成功，其實與他們的投資實力沒有多大的關係。單純因為他們搭上了股市上升的趨勢，運氣好才賺到了錢。然而，這些人不僅不承認自己是出於好運氣，反而認為是自己有實力，並投資了更多的錢，導致現在揹了堆積如山的債務。事實證明，他們並不是天才，

真正的天才其實是牛市。這就是為什麼不能搞混「運氣」和「實力」，如果被牛市帶來的假實力所欺騙，你可能會失去一切和寶貴的金錢。

▶ 「實力」和「運氣」的差別

然而，像華倫・巴菲特那樣冷靜地看待運氣和實力，還能明確地判斷哪部分是出於自己的實力、哪部分則是運氣帶來的成果，這是非常困難的。而且，許多人通常對於結果都會做出錯誤的判斷，在賭場裡賭博的人稱這種現象為「初學者的幸運」。第一次賭博就贏錢的人，會認為自己有超凡的能力和運氣，於是加大賭注，最終卻會把錢全部輸光。如果他們一開始冷靜判斷，就會明白在賭場贏錢是多麼困難的一件事；不過，初學者的幸運反而使他們得意忘形，蒙蔽了理智的雙眼。「初學者的幸運」淪為致命的毒藥，這在任何人身上都可能發生。

那麼，究竟該怎麼做才能不搞混實力和運氣呢？首先，參與的人數越多，僥倖成功的機率就越高。在一個十人的小組中名列前茅的人確實是實力派，但在百萬人參與的市場中取得成功，則很可能單純是運氣好。麥可・莫布新教授建議：「如果難以判斷究竟是自己實力好還是運氣好，可以暫時先不做出判斷，然後用更長的一段時間嘗試各種方法來取得好結果。」換句

話說，假如你長時間的表現確實比其他人更好，那麼你大可放心地判斷自己擁有一定的實力。不過，也要隨時做好「幸運之神不會來敲門」的準備。

　　所以，不管妳做什麼工作，媽媽都希望妳能認定**「所有的成功都伴隨著運氣」**這一點。當然，有時候不管再怎麼努力，還是會因為運氣不好而未能獲得所期望的結果；相反地，有時候即使只付出了相同程度的努力，卻也可能會取得巨大的成就。我希望妳成為一個能夠謙虛地接受這一事實的大人。因此，就算結果不如預期，也不要輕易氣餒；當妳獲得很棒的成果時，也不要過於得意，導致做出錯誤的選擇。反正時間流逝後，運氣和實力終究會展現出它們的真實面貌。

　　去年秋天，我讀到一篇 IU 的採訪文章，裡面有一句話使我印象深刻。

　　妳應該也很清楚，2022 年 IU 以電影《嬰兒轉運站》主角身分參加了坎城影展，獲得了很好的評價。不過，當她在釜山影展與觀眾見面時，IU 說了以下的話：「《嬰兒轉運站》是我的第一部長篇電影，對我來說意義深遠。我覺得這個起點非常棒，我會持續努力，不讓這一切僅止於初學者的好運。」

　　老實說，我沒有看過那部電影，所以不清楚 IU 擔任主演的演技如何。但聽到她說「會努力不讓這一切僅止於初學者的好運」，讓我覺得她是一個非常踏實的人。願意承認成功當中包

含了運氣的成分並謙虛地接受這一點，也約定未來會持續努力不懈怠，這些話並非任何人都能輕易說出口的。我希望妳不要盲目等待運氣的到來；即使幸運之神沒有來敲門，希望妳也能未雨綢繆，勤勞地累積自己的實力，這才是善用運氣且不被運氣打敗的方式。

有錢人不去人多的地方

在 2018 年至 2019 年期間，汝矣島*曾因辦公大樓空置率高的消息而名噪一時。許多辦公大樓中都有閒置的辦公室。然而，2020 年迎接股市極度繁榮的時期，從那時起汝矣島的空置率幾乎降為零。不論是個人還是機構投資者，大家都認為若想投資股票，就必須在資訊集中的汝矣島擁有一間辦公室。

就像首爾的瑞草洞圍繞法院、檢察廳和登記所，成為了法律相關人士，包括律師、法務、速記員、註冊會計師等的聚集之處。如同瑞草洞形成了一個法律城鎮一般，證券公司基本上

---

* 汝矣島是韓國交易所和韓國金融投資協會的所在地，為首爾的金融與投資中心，被譽為「韓國華爾街」，是該國地價最昂貴的地段之一。

也大量集中在汝矣島。

　　不過,令人驚訝的是,我認識的那些投資高手們反而沒有在汝矣島設立辦公室。汝矣島有「交換情報」的私人聚會,這是個傳統,已經存在許久了。這些聚會按照星期分為星期一組、星期二組、星期三組和星期四組,來自各公司的研究、企業經營和零售營業等部門的人相聚在一起,分享新的投資點子或近期公司內部氛圍等最新動態,也會規劃一起喝酒、爬山等聯誼活動。假如有公司正在招人,他們也會互通消息、互相推薦。為了不讓自己被排除在各種情報網之外,我也曾經參與過這類的聚會。

　　然而,從結果來看,我透過這些交換情報的聚會賺大錢的情況,意外地非常稀少。這些人聚在一起的目的是為了分享好的投資點子並賺到更多的錢,但實際上很少有人願意分享真正值錢的情報。也就是說,在這些聚會中分享的情報,有很大的比例都是過時的資訊。

　　也許正因如此,許多真正的投資高手都會遠離汝矣島。對他們來說,能夠洞察影響市場的重大趨勢非常重要,但接觸過多的零散情報反而會導致判斷失準。其實,近來有許多公司開始陸續遷出汝矣島。10年前,只要是證券公司,大家都認為理所當然要將總部設在汝矣島,但現在未來資產(MIRAE ASSET)證券總部設在乙支路,三星證券設在江南,大信證券

則設在明洞；脫離汝矣島的趨勢越來越明顯，就連許多資產營運公司也搬移至三清洞、道谷洞、三成洞，甚至是板橋或盆唐等地區作為辦公地點。

　　一群經常碰面的人們，容易將他人的想法誤以為是自己的想法，彼此互相影響，想法也變得模糊不清。我曾看過作曲家金泰源表示，他為了避免抄襲，在十幾年當中都故意不聽其他人的音樂。投資其實也是一樣的原理。**如果跟大眾走同樣的方向，就很難獲得收益。當某個投資項目深受你和他人的青睞時，這份青睞通常早已反映在價格上了。**

　　假設妳看到新聞報導說《魷魚遊戲》或《非常律師禹英禑》、《黑暗榮耀》等電影或電視劇在全球引起了巨大的轟動，那麼，妳應該會趕緊查看有哪些相關的股票。但是，正好同個時間，投資者們反而在苦惱何時該賣出這些相關股票。多虧了妳和其他也想買這些股票的人們，這時股價會飆升，而那些投資者則會悠哉地賣出股票，賺取差價收益。實際上，大多數的投資者會趁電視劇或節目播出之前就先買入相關股票，並在首播後的隔天或兩至三天後即賣出。因此，「當新聞播出的時候，你不該買進股票，而是該賣出股票」這句話是正確的。如果這個機會好到都上新聞，那很可能早就反映在股票價格上了。

　　總之，若想獲得收益，妳的思維必須與眾不同，也要走上不同方向的路。若一直待在汝矣島，反而會限制妳的創新思

維，想法也會變得老舊。或許這正是為什麼華倫‧巴菲特在選擇居住地時，會遠離世界金融中心華爾街之故。

華倫‧巴菲特幾十年來一直住在位於美國中部的內布拉斯加州奧馬哈，因此他擁有「奧馬哈的先知」（The Oracle of Omaha）（或譯「奧馬哈的神諭」）這個綽號。他每年都在奧馬哈舉辦波克夏‧海瑟威（Berkshire Hathaway）的股東大會。儘管那是一個鄉村地區，但每年仍有成千上萬的人聚集在此，在華麗的音樂和燈光下享受這場如同派對的股東大會；所以，波克夏‧海瑟威的股東大會也被稱為「資本家的胡士托音樂節」（Rock festival）。

不僅僅是華倫‧巴菲特，當我實際上去美國出差拜訪客戶時，我發現越是成功的避險基金，越常設置在肯塔基、聖地牙哥、康乃狄克等好山好水、氣候宜人的地區。當然，由於網路的發達，現在無論身處何地都能輕鬆獲得各種資訊，因此地理位置不再是重大問題。但華倫‧巴菲特之所以會堅持遠離華爾街的更大原因，也許是為了維持獨立判斷的能力，避免受到大多數人判斷的影響。

▶ 旁人的意見再多，決定權仍要回到自己

有句話說：「知識淵博」與「極富智慧」是完全不同的兩

回事。此外，即使有智慧，將其付諸實踐又是另一個層次的問題。在電影《大賣空》（*The Big Short*）中有這樣的一句台詞：「讓我們陷入困境的不是無知，而是看似正確的謬誤論斷。」這句話是《湯姆歷險記》和《頑童歷險記》的作者，被譽為美國現代文學之父的馬克‧吐溫所說的。

　　馬克‧吐溫以「喜歡投資、卻每每投資失敗」而聞名。他接觸了高風險的投資，若以現在的價值來換算，他大約損失了40億韓元。1800 年代中期興起了淘金潮（Gold Rush，在美國加利福尼亞發現金礦後，直到 1870 年代為止，掀起了一股淘金熱潮），當時馬克‧吐溫把賣書賺來的版稅和借貸而來的錢全部投資到金礦業，結果卻一敗塗地。後來，他投資了自動鑄排機的開發（將一行活字鑄字排版的機器），但由於類似的機器先被開發出來，導致他徹底破產。為了償還債務，他寫了一系列作品，幸運的是這些作品大受歡迎，才使他得以起死回生。這故事讓人啼笑皆非，也難怪他曾說過這段話：「對於投資股票，10 月是特別危險的月分。7 月、1 月、9 月、4 月、5 月、3 月、6 月、12 月、8 月和 11 月，還有 2 月也是如此。」

　　這句話的意思是，在投資股票方面，根本沒有安全的月分。為什麼要講這些？仔細觀察就會發現，我們身邊總有這樣的人。他們擁有豐富的投資理財知識，無論是股票、不動產還是稅務問題，他們懂得很多，但卻從來沒有聽說他們真正賺了

多少錢。這證明了擁有很多資訊和善於投資是完全不同的兩回事。投資失敗的原因可能不是因為你無知,而是看似正確的謬誤論斷。

令人意想不到的是,「懂很多」並不一定重要。那些自認為了解一切而過於貪心的人,反而更容易犯下大錯。因此,若想成為一個成功的投資者,擁有能夠客觀檢視自己的謙遜之心、將知識昇華為智慧的能力,以及願意等到確定時再行動的耐心,這些都比知道許多資訊更為重要。這或許正是那些真正富有的人為什麼都選擇遠離腳步匆忙、人來人往的汝矣島的原因。

等妳開始開車時就會知道,有很大比例的交通事故會發生在有兩至三年駕駛經驗的人身上,而非剛開始學習駕駛的新手。為什麼會這樣呢?因為在新手階段時,人們會很緊張並集中精神地駕駛,但過了一年、變得熟練之後,就會產生「駕駛這點小事根本不算什麼啦!」這種誇大自我實力的想法;人在放鬆大意時反而更容易出事故。「看似正確的謬誤論斷」就是如此可怕,因為它會在妳放鬆的瞬間把妳推入陷阱,迅速奪走妳的財富。當然,等妳意識到這一點時,早已失去所有金錢了。

屆時妳才會明白,不管再怎麼抱怨那些推薦妳買股票的人、鼓勵妳買房的 YouTuber 和經濟新聞,以及那些指點妳投資熱門項目的人們都無濟於事,因為錢已經消失無蹤了。**守護財富的責任,永遠都歸在自己身上。**

讓一成不變的自己，產生變化的方法

　　世界著名的管理大師、日本經濟學者大前研一，其在《難問快答》一書中提到改變一個人的方法：「只有三種方法可以改變一個人：改變時間的使用方式、改變居住地、結交新朋友。除非使用這三種方法，否則人是不會改變的。」他還強調，如果沒有改變這三點，就算再怎麼下定決心「從現在開始我會改變的！」也毫無意義。

　　人是群居動物，必然會受到他人許多的影響。每當遇見新的人就會受到新的刺激，而人們正是在吸收這些刺激的過程中經歷變化的。然而，如果每天都待在同一個地方、每天和同樣的人吃飯、每天做同樣的事情，人豈能改變呢？大前研一想強

調的正是這一點。

　　成為有錢人也是同樣的道理。光是認真上學或上班是不夠的。如果妳腦中想著要變得富有，卻每天早晨如出一轍地起床去公司、認真完成分內的工作，接著下班、吃晚餐後睡覺，度過一成不變的生活，就很難突破狹隘的思維框架，一直沒有接收到的刺激。即便下定決心，往往也都僅止於「三天打魚，兩天曬網」。這種時候，無論妳多麼努力，都很難改變自己。

　　因此，如果妳想要改變，希望妳一定要鼓起勇氣做出新的嘗試。有意識地去結識新的朋友，改變一天 24 小時的使用方式，嘗試一些從未做過的興趣，或者搬到一個新的社區居住。

　　曾有一位跟我待在同一個辦公室工作的朋友，她也是一名投資分析師。從某個瞬間開始，我們幾乎每天形影不離，比家人還要常見面。我們每天清晨一起上班，開完早會後一起喝咖啡，一起吃午飯吐槽公司，一起加班，共同度過許多時光。她沒有結婚，相較之下擁有比我更多的閒暇時間，但她總是說，早早回家一個人看電影是最舒服的。實際上，當時的我和她的生活並沒有什麼不同，每天都同樣往返於公司與家之間。

　　直到有一天，這位朋友參加了一個分析師的聚會。大家聚在一起喝紅酒，聊聊證券業的動向，也順便掌握不同公司的狀況，她開始經常出席這些聚會。後來，她與一位跳槽到普通製造業的分析師熟絡起來。由於分析師很善於掌握企業的財務報

表和整體市場走向，因此經常會轉職到一般企業的會計部門或財務部門，剛好這位分析師正是如此。

她們兩人意氣相投，成為了交心摯友。在那位分析師朋友的推薦下，她也跳槽到了普通企業。朋友告訴我，雖然新工作很有趣，但工作量太大，讓她感到非常疲憊，她希望生活可以過得更遊刃有餘。甚至新公司的年薪還比較低，可想而知她的壓力指數會有多高。但就在不久前，我從那位朋友身上聽聞一個驚人的消息。她在這段期間中成為了資產超過 100 億韓元的富翁。我問她這是怎麼回事，她說新公司的年薪雖然不高，但卻分享給員工許多認股權和自家公司的股票，而最近公司上市，讓她大賺了一筆。

如同大前研一所說的，我的朋友改變了接觸的人、改變了時間的使用方式，藉此改變了自己的人生。她不再只是回家看電影，而是利用這些時間去結交新的朋友；透過新認識的朋友，使她對於每天往返家和公司之間的生活產生了質疑。她鼓起勇氣，決定換工作，迎接全新的挑戰，而她最終成為了有錢人。當然，如果新公司沒有提供員工認股權和自家公司股票，我朋友也絕對無法變成擁有百億韓元的資產家。不過，這也是因為她選擇更換公司才獲得的機會。

改變居住地點而成為有錢人的例子也很多。舉我身邊朋友的例子好了，有不少的朋友當初是因為想住在有公園、有超

市，又離公司和學校都很近的地方而搬家，因為住得非常滿意而買下房子。後來房價大漲，讓他們大賺了一筆。雖然妳可能會認為這些人本來就很有錢，但事實上，距今 10 年前的朴槿惠政府曾對南韓國民提出激進的「借錢買房」房地產刺激政策，不過市場反應冷淡。當然，當時的房價並不像現在這麼昂貴。

由此可見，機會似乎就藏在我們周圍的各個角落。然而，如果每天都做同樣的事情，與相同的人見面，過著與昨天無異的生活，這些機會就容易被我們忽視。這正是為何僅憑著「從明天開始我會改變的！」這樣的口號和決心，生活絕對不可能會產生變化之故。

▶ 改變生活方式，也能找到新的致富機會

從今天起，不妨這樣嘗試看看吧！每週一次與新朋友共進一餐，每個月去一次陌生的區域喝杯咖啡，每個月找一天平日請假，嘗試一些完全沒做過的事情。開發全新的興趣也是不錯的方法，不要懷疑這些嘗試是否真有效果，先做再說吧！累積越多新的嘗試，至少可以擺脫一成不變的生活狀態。這麼一來，妳的生活樂趣就能更上一層樓，也能夠品嘗到認識未知世界的喜悅。

我記得妳剛上小學時，我和同班的學生媽媽們變得很親

近，這成為我人生中非常重大的轉捩點。在那之前我每天只接觸證券業的人，但那時，我遇到了經營小店的媽媽、在電視台當製作人的媽媽、在出版社上班的媽媽等等，這些都是我從未接觸過的職業。與她們聊天、變得更加熟悉後，我才發現原來自己一直都生活在非常狹隘的世界裡。不僅如此，我還去參觀她們的公司，聽到了那些我不熟悉的各行各業故事，當然也聊了些關於股票的事情，這些經歷大大地拓展了我的視野。現在我之所以能寫出這本書，全都要感謝那些聚會。

愛因斯坦曾說過：「明明過著和昨天一樣的生活，卻期待出現不同的未來，這是精神病的早期症狀。」因此，**如果妳想成為有錢人，要不就改變安排時間的方式、居住地點，要不就試著結交不同的朋友吧！**這麼一來，那些一直在妳身邊卻未曾被注意到的「致富機會」，將會慢慢地浮現在妳面前。

有錢人每天都在做的事

　　我曾聽過一個有趣的笑話：幸運女神額前的瀏海很濃密茂盛，但後腦勺卻是禿的。因此，當幸運女神騎著馬向你奔馳而來時，不要猶豫，要勇敢地從前面抓住她。倘若你搞不清楚她是否真為幸運女神而猶豫不決，她就會迅速從你身邊呼嘯而過；而當你終於意識過來，想回頭抓住她時，會發現她的後腦勺是禿的，再也抓不住，只能飲恨錯過。這告訴我們，即使幸運降臨，終究也只有準備好的人才能將它占為己有。那麼，為了不錯失幸運，我們應該如何做準備呢？

　　我所認識的有錢人，他們當中有許多人都擁有良好的日常習慣。這裡講的「日常習慣」，是指為了發揮最大的能量而重複做特定的行為或步驟。設定某個項目後，藉由完成那件事來

控制自己的欲望，使自己能朝著目標前進並鍛鍊自我。例如每天在固定的時間服用維他命、每天早上 6 點跑步、每天背誦一節聖經，或者晚餐只吃半碗飯等等，這些都算是一種「日常習慣」。無論妳訂下何種日常習慣，只要持續實踐，就等於在履行對自己的承諾，這會使妳感到滿足，更能維持良好的狀態。

《過得還不錯的一年》（*The Happiness Project*）的作者格雷琴・魯賓（Gretchen Rubin）每天都堅持寫作，一年 365 天無一例外。即便有些日子她只寫了短短的 15 分鐘，但她依然從不間斷寫作。因為她認為，就算時間短、寫的篇幅也少，但只要每天堅持寫作，就能大量減輕每日工作量和成效的負擔。這樣的日常習慣能幫助妳在不想做某件事情時，依舊能毫無負擔地進行，不會半途而廢，最終得以完成目標。

那麼具體來說，有錢人都擁有哪些良好的日常習慣呢？首先，大多數的有錢人都擁有跟健康相關的日常習慣。他們認為盡可能讓自己的身體和心靈長久地維持在如同 30 到 40 歲的最佳狀態，是非常重要的；因為這麼一來，當幸運女神來敲門時，才能毫不猶豫地奔馳過去而抓住機會。

為了不失去判斷力和平衡感，他們總是不間斷地與人們相聚，每天閱讀報紙和新聞以保持對時事和趨勢的敏銳度；勤勞攝取維他命和膠原蛋白等健康食品，並且不懈地維持運動習慣。他們並非單純地想透過運動維持適當的體重及良好的身

材，更是為了能長保「心靈上的年輕」而努力。

　　為了身體健康而每天運動、吃對身體好的食物；為了精神健康而建立良好的人際關係，每天閱讀新聞報導並研究，以免錯失新的資訊……，這些看似微不足道的日常習慣，卻能打造出所謂的「富者」。

　　其次，每天都需要有個不被任何人打擾的獨處時間。這是為了在恢復忙碌生活中備感疲憊的身心，也藉此反思現在對自己而言，真正重要的事情為何。

▶ 讓習慣成自然，才能長久持續

　　妳是否曾聽過這件事？微軟創辦人比爾・蓋茲和亞馬遜的 CEO 傑夫・貝佐斯有一個共同點：他們都喜歡洗碗。比爾・蓋茲在 2014 年曾在某個社群中說道：「我有一個嗜好，那就是洗碗。在晚餐時，我不讓任何人洗碗，我會把所有碗盤都留下來自己洗。」傑夫・貝佐斯也曾對《商業內幕》（*Business Insider*）的總編輯亨利・布拉吉（Henry Blodget）表示：「洗碗是人生中最性感的事情之一。」他們之所以喜歡洗碗，是因為在將凌亂的碗盤一一清洗乾淨的過程中，可以獲得心理上的安定感；在洗碗的時間裡，能夠完全脫離工作和日常生活，不被任何人打擾。有錢人當中，喜歡瑜伽和冥想的人也特別多，也許也是出

於類似的原因。

　　不過，我們常常以忙碌為藉口，動不動就推遲健康管理的計劃；總是嚷著忙完之後要去度假，但真正有時間時卻又無法順利出發。因此，擁有日常習慣的重要性，或許正是為了將那些經常被我們推遲的重要事情刻意安排在「現在」。必須有意識地採取行動，才能更有意義地度過一天有限的 24 小時。

　　蘋果創始人史蒂夫・賈伯斯（Steve Jobs）以「只穿牛仔褲和黑色高領毛衣」著稱。據說他的衣櫥裡掛著 100 件左右由日本設計師三宅一生製作的黑色高領毛衣。賈伯斯之所以堅持穿同樣的毛衣，是為了減少每天思考穿搭的時間，將那個時間用在更有生產力的事情上。

　　如果妳有想在 1 年後或 3 年後達成的目標，可以試著在筆記本寫下達成那件事必須付出的努力；為了實現那個目標，從今天開始設定日常習慣。不管是每天閱讀報紙、準時吃早餐，抑或安靜地獨處 20 至 30 分鐘等等，任何項目都可以。當妳設定好一個日常習慣並每天實踐時，妳將會得到因遵守對自己的承諾而產生的滿足感，進而明天也想繼續執行。等到 1 個月、2 個月過後，妳將會發現，養成一個日常習慣就能讓生活變得更有活力，也能使妳從原本「我果然做不到」的這種想法，改變成「接下來我還要嘗試些什麼呢」。

　　不過，有一點需要注意。當妳開始定下「這件事＝我的日

常習慣」時，可能會更難以達成目標。假設妳為了減肥而決定
「每天晨跑 30 分鐘」，但這並不代表在大雨滂沱或濕度超過
90% 的日子裡，妳還是得堅持晨跑 30 分鐘，畢竟難免會出現不
可避免且難實踐的情況。一旦陷入必須每天準時完成某項任務
的強迫症狀態，這本身就可能使人感到煎熬、辛苦，導致最後
產生「我果然做不到」的想法，而回到原本的生活模式。

　　因此，如果想透過良好的日常習慣來實現願望，給自己一
些彈性和保持整體平衡（例如，生病時就休息，或者太累時就
只跑 10 分鐘等等）是極其重要的。**應該將日常習慣看作是「為
了達成目標而進行的反覆行動系統」而非「單一行動」**，這樣才
能長久維持下去。我已經迫不及待想知道，妳會制定什麼樣的
日常習慣了。

巴菲特：「最好的投資就是自己。」

2022 年在波克夏‧海瑟威的股東大會上，某位身為個人投資者的少女向華倫‧巴菲特和查理‧蒙格提出了以下的問題：

「如您們所知，我們已經連續通貨膨脹 4 個月了。自從 1982 年以來，通膨率超過 7% 的情況是第一次。兩位在 1970 年至 1975 年間也經歷過類似的情況，但仍然做到了人生中最好的投資。假如在通貨膨脹時代只能選一個強勢的投資項目，您們會選擇哪一項？而該項目又具有哪些優勢呢？」

　　華倫・巴菲特聽完少女的提問後略略大笑，他說有個比股票更好的建議，並且如此回答：

　　「妳能做的最佳選擇，就是成為某方面的佼佼者。如果妳成為居住社區中最優秀的醫師或律師，人們即使花大錢也願意去找妳。不只是支付金錢，他們甚至會攜帶紡織品等各種自己製作的東西，只為了能交換妳的技能。不管那個技能是唱歌、棒球，還是法律知識，只要身上具備人們需要的技能，就沒有人能奪走妳的能力。一旦達到這種程度，即使面臨通貨膨脹，也完全不會受到任何影響。因此，最好的投資就是投資在自己身上，也就是要自我提升。自我提升甚至還不用繳稅。

　　為了實現這一點，妳必須非常認真地思考自己究竟想成為什麼樣的人，以及為了成為那樣的人，妳需要採取何種行動。不用在意 1 美元的價值如何變化，當妳成為社區裡最好的醫師，人們自然會帶著炸雞去拜訪妳，不管帶什麼，他們都會願意；如果妳成為一位偉大的舞者，人們為了欣賞妳的舞蹈，會願意掏錢出來；假如妳所擁有的技能中，有值得販售的技能，我們願意把它視為最棒的投資而買下它，條件是妳要將未來收入的 10% 給我們。我們現在就可以立刻付現給妳喔（笑）！」

　　即便工作的環境相同，有些人能交出優秀的成績，而有些人則不然。這時，人們理所當然會選擇那些成果最優良的人。因此，如果能創造出「與眾不同」之處，也就是所謂的「差異」，經濟回報自然會隨之而來。年薪會提高、收到獎金，甚至出現被挖角的機會或投資提案。因此，正如華倫‧巴菲特所說，**最好的投資就是投資在自己身上**。

　　假設妳投入了入 100 萬韓元來買股票，並獲得了百分百的報酬率，那麼妳會額外賺到 100 萬韓元。然而，想在現實中獲得百分百的報酬率是非常困難的。但是，如果妳擁有獨特的競爭力，無論是跳槽或接受投資提案，妳的年薪都有可能大幅增加。此外，股票投資風險大且波動性高，但妳的能力卻不會輕易消失或被他人奪走。最重要的是，這能使妳擁有生活的主導權。妳可以選擇滿足於現狀，繼續在目前的公司工作，也可以利用妳的能力跳槽到其他公司；若稍微再有野心一點，甚至還可以直接開一家小店。妳將擁有選擇自己理想生活的權利，而像這樣全然地擁有生活決定權是非常重要的。

　　我認識一位朋友，她曾是一名普通的上班族，在她結婚生子後便辭去工作成為全職家庭主婦。她對子女的教育充滿熱忱，用自己獨特的教育理念和方法，將兩個孩子全都送進了首爾大學。某天，她突然接到了來自大峙洞知名補習班的來電，邀請她擔任諮詢顧問。經過一番思考，她在 50 多歲的年紀重新

開始工作，並對自己的工作感到非常滿意。在擁有「競爭力」的那一刻，她的年齡和經歷都不再是問題。這個故事告訴我們，卓越的力量有多麼強大。

▶ 開始工作的前 5 年，是培養競爭力的關鍵時期

因此，不要看妳現在領的月薪或年薪，就輕率地斷定自己的未來。以前，大多數人學校畢業後就會找工作，然後結婚組織家庭；而這樣的生涯規劃自然會連結到穩定的生活和經濟富裕。然而，未來 1 至 2 年，世界會產生何種變化？現在並沒有任何人能預料清楚。最近不僅是小學生，甚至在成年男女中，十個就有六個夢想成為「YouTuber」。往回推短短的十多年前，南韓幾乎不存在「YouTuber」這個職業。

成為 YouTuber 容易嗎？其實做 YouTube 初期需要投入的資本並不多，拍攝、剪輯和上傳影片都可以靠一個人獨自完成，所以很多人覺得這很簡單。然而，一旦真的進入 YouTube 的世界，很快就會發現要在這個領域生存下來有多麼困難。當然，當中有些以「獨創性內容」取勝的頻道，能夠超越語言的界限、吸引全球訂閱者，其成長速度不亞於中堅企業。

因此，不論妳做什麼，首要之務就是找到自己喜歡的事情，並且打造出妳獨特的競爭力和與眾不同的差異點。雖然發

掘自身與眾不同之處，並將其變成妳的武器需要花上一段時間，但希望妳能趁更遲之前，從現在就開始挖掘。

　　為了做到這一點，重新思考「勞逸平衡」（Work-Life Balance）這個概念是有其必要性的。我希望妳不要從一開始就拚命追求工作與生活之間的平衡。**工作和生活之間的平衡固然重要，但如果盲目地執著於此，可能會錯過職業生涯中的「關鍵時期」。**

　　出社會工作後的 3 到 5 年是奠定社會生活基礎的時期，這段時期需要刻苦學習，如果一味地強調工作與生活的平衡，可能連完成分內的工作都很吃力。這麼一來，公司當然會將更多的機會給予那些即使加班也願意學習更多的同事，而這些同事的能力也會隨之突飛猛進。妳將會難以晉升到需要擔負責任的職位，而那些同事則會因為能力出眾而升遷，甚至可以獨當一面負責專案。從那時起，惡性循環便開始無限延伸。同事晉升後，妳被安排在他負責的專案裡擔任組員，自尊心雖然受損卻又無法吐露不滿，最終便會產生「算了啦！我乾脆辭職去旅行吧！」的想法。

　　因此，我建議「勞逸平衡」應該根據年齡層做階段式調整。在 20 多歲時，工作的比例應該占八成左右；在 30 多歲時，應該占七成；在 40 多歲時，應該占六成；在 50 多歲時，工作與生活的比例則應該各占五成。反正隨著年齡增長，體力也會下降，如果有家人需要照顧，也很難繼續保持高工作比例。

　　再強調一次，職業生涯中有所謂的「關鍵時期」。在那段時期，應該狠下心來全力工作以做出成果。妳在那段時間學會哪些技能、把哪些東西內化成為自己的，這將會巨大地影響妳5年後的職位。因為正如華倫・巴菲特所說的，最好的投資就是投資在自己身上。

Chapter 4

想變有錢，一定要知道的 6 個關鍵字

〔關鍵字① 利率〕

為什麼要隨時注意利率的變化？

　　錢也是有價值的。這句話的意思是：同樣都是 1 萬韓元的鈔票，其價值卻會根據時機有所不同，而決定金錢價值的關鍵就在於「利率」。

　　2001 年，我大學畢業預備出社會之前，決定來趟背包旅行，於是便帶著存摺去了一趟銀行，要解除打工存下來的定期存款。然而，銀行職員仔細看了一下我的存摺，突然開始勸我不要這麼做。

　　「同學，這是妳 1996 年開設的帳戶，妳真的要解約嗎？這是一個年利率 12% 的定期存款，如果解約了，再也沒辦法開設像這種高利率的帳戶了。現在銀行的利率一直在下降，妳可

要想清楚。」然而，當時我鐵了心要去背包旅行，必須將定存解約才能湊到旅費。所以，儘管銀行職員極力勸阻，我還是解約了。後來妳外公知道了這件事，可是氣得雞飛狗跳。他說，如果我有這種定存帳戶，應該先告訴他一聲，乾脆向他借旅費就好，為什麼要把這麼寶貴的帳號解約呢？回想起來，我那時真的對利率的重要性一無所知。假如我把當時那個帳戶保存下來，存 100 萬韓元就可以得到 12 萬韓元的利息；存 1000 萬韓元則可以得到 120 萬韓元的利息。最近的定期存款帳戶利率最多也只有 5%，那時的帳戶利息是現在的兩倍多。

　　為什麼現在的利率是 5%，而那時卻高達 12% 呢？這是因為錢也有價值，而且錢的價值會隨著地點和時間點而有所不同。舉例來說，在首爾市區租一小時的腳踏車只需 1000 韓元，但在濟州島這樣的觀光景點，可能就要收 3000 韓元。同樣的腳踏車，租借費用卻不一樣；同樣地，錢也有所謂的「租借費」，那就是利率。我們常說借錢需要支付利息，而這個利息就是錢的租借費。如果以 10% 的利率租借 100 萬韓元一年，需要支付 10 萬韓元的使用費；如果以 1% 的利率借一年，只需要支付 1 萬韓元。因此，利率越低，借錢就越容易。

　　以前的銀行利率非常高。必須要擁有足夠的資金才能輕易把錢借出，但在 1960 至 1970 年代，南韓的經濟依舊艱難，貨幣供應不足。因此，當時南韓向美國和日本借錢來建造工廠和

造船。但是，隨著飛速的經濟發展，南韓晉升為先進國的行列中，透過大量出口賺取了許多美元，因此情況產生了很大的改變。貨幣供應增加，市面上流通的錢變多了，銀行利率也隨之降低。整個大環境變成了無論是企業還是個人，都可以透過銀行貸款以非常低廉且輕鬆的方式借到錢。因此，人們紛紛借貸購買公寓、股票、藝術品，甚至投資加密貨幣，導致經濟泡沫化的情況加劇。

▶ 從利率變化，看金錢市場的狀態

從 2022 年開始，全球許多國家的中央銀行陸續開始緊急縮緊銀根，提高利率使得企業和個人難以輕易借貸，市場上流通的資金開始被回收。其中，全球最具影響力的中央銀行，就是美國的聯邦儲備系統（FED，聯準會）。聯準會每 45 天會定期召開一次委員會，以調整美國的基準利率和整體經濟的貨幣供應。美國的貨幣政策在全球資金供應方面扮演著關鍵角色，因此各國都會密切關注聯準會的發布情況，南韓也不例外。

2022 年，當通貨膨脹席捲全球時，聯準會擔心經濟衰退，為了控制高物價而加速提高利率。因此，美國的基準利率從 2022 年 1 月的 0.25% 上升到 2023 年 3 月的 5%。南韓的中央銀行——韓國銀行也隨之將基準利率提高到 3.5%。自從 2008 年全

球金融危機爆發時達到了 4% 的高峰之後，南韓的基準利率首次上升至 3.5%。隨著貸款利息上升，企業或家庭都難以像以往那樣輕鬆地募集資金來投資或消費，經濟蕭條的狀況便開始出現，企業利潤減少而造成股市下跌。因此，2022 年上半年的股價下跌速度，是自網際網路泡沫以來最快的，KOSPI 指數跌至 2200 點；不動產市場也受到受高利率的影響而下跌。貸款利息龐大，如果還冒險貸款買房、買建物，反而會被債務壓得喘不過氣來；手頭緊的人也沒有自信能承擔借貸的高利息，只能畏縮不前。

那麼，在升息期間，人們究竟都投資什麼呢？有錢人在升息期間，傾向於減少風險資產的比重、增加安全資產的比重。因此，比起投資股票，有錢人更偏好債券、美元、黃金等資產，同時也會增加銀行存款。假若以 5% 的高利率借錢投資股票，獲得了 10% 的收益，實際上只賺了 5%；但要獲得超過 10% 的收益並不容易。與其承擔這種風險，不如選擇銀行安全的 4% 存款利率。

因此，**對於想要守護資產的人而言，利率是個重要的決策依據**。存有 10 萬韓元的人，1% 的存款利率看似微不足道；但存有 1 億韓元的人，1% 就是 100 萬韓元；擁有 10 億韓元的人，1% 就是 1000 萬韓元。擁有的資金越多，對利率變化的敏感度就越高。因此，有錢人時時刻刻都在關注利率變動。

　　自 2008 年以來，習慣低利率的人們對於突然上升的利率感到十分震驚。但越是這種時候，越需要保持冷靜。美國的基準利率會影響南韓的基準利率，進而影響妳的日常生活。唯有細心觀察這些變化，才能讓妳的資金流向正確的方向，避免誤入歧途。

〔關鍵字② 通貨膨脹〕

為什麼錢越來越薄？

　　根據《韓國物價情報》發表的消費者物價細項變動現狀（參考下一頁的表格）顯示，1970 年首爾市區巴士的票價為 10 韓元，但現在已經上漲到 1200 韓元，50 年來上漲了 120 倍；地鐵票價在 1974 年 8 月開通時的基本票價為 30 韓元，如今已經上漲到 1250 韓元，漲幅達到 41.6 倍。炸醬麵的價格從當初的 100 韓元漲到現在的 5000 韓元，上漲了近 50 倍。

　　回想起我小時候，巧克力派大約是 100 韓元。在放學回家的路上，如果想吃點甜的，就會從口袋中拿出自己省下沒花的 100 韓元，在雜貨店買一個巧克力派來吃。然而，聽說最近的巧克力派不僅沒有單賣，甚至一個還要價 500 韓元，著實讓我大吃了一驚。食材並沒有太大的變化，尺寸反倒還變小了些，

【消費者物價細項變動】

品項	1970 年	2020 年		
米（20kg）	2,880	33.4 倍		9 萬 6,200
牛肉（精肉 500g）	375		133 倍	5 萬
豬肉（精肉 500g）	208	48 倍		1 萬
雞肉（隻 /2kg）	420	16.6 倍		7,000
雞蛋（10 顆）	140	42.7 倍		5,990
燒酒（瓶 /500ml）	65	19.3 倍		1,260
啤酒（瓶 /500ml）	175	8 倍		1,410
香菸（1 包）	50		90 倍	4,500
市區巴士(1 趟 / 單程)	10		120 倍	1,200
計程車（基本車資）	60	63.3 倍		3,800
地鐵（區域基本票價）	30 (1974 年 8 月標準)	41.6 倍		1,250

單位：韓元，首爾基準

價格卻漲了 5 倍之多。就像這樣，同樣的商品、同樣的服務，隨著時間流逝，價格也漸進式地上漲了。

　　那麼，商品價格究竟為什麼會上漲呢？這是因為每年的貨幣供給量都在逐漸增加。所謂的貨幣供給量，是指一個國家使用的所有貨幣的總量。隨著國家經濟越發茁壯，生產的物品增多，與外國的貿易量增加，國家也會因應狀況增加貨幣發行

量。實際上，南韓的貨幣供給量（M2）在 1960 年代每年都以 50 至 60% 的速度增長，到了 1970 年代則以每年 30 至 40% 的速度增長，到了 1980 年代至 1990 年代則以每年 20 至 30% 的速度增長。而即使在經濟成長緩慢的 2000 年時，每年的貨幣供給量仍然增加了 5 至 8%。

當貨幣供給量增加時，貨幣價值就會下降。舉個例子，假設某個國家唯一的生產物是玉米。這個國家發行的貨幣總量是 100 萬韓元，而生產的玉米是 100 根，那麼人們只要花 1 萬韓元就能買到 1 根玉米；如果貨幣總量增加到 2000 萬韓元，而玉米產量依然是 100 根，由於除了玉米之外沒有其他農作物，人們便願意支付更多的錢來購買玉米。在這種情況下，玉米的價格自然會上漲。因此，**當貨幣供給量增加，貨幣價值就會下降**。

也許有些人會問，何不乾脆停止貨幣的發行？但如果一個國家生產和進口的物品越來越多，而貨幣供給量不變，那麼貨幣的價值就會上升。這會導致貨幣變得稀缺，沒有人願意花錢，導致商品和服務的價格持續下降，這種現象稱為「通貨緊縮」（Deflation）。

當出現通貨緊縮的狀況時，物價會下跌，人們則能夠用更低廉的價格買到東西。然而，倘若物價持續下跌，人們就會產生「再等看看，之後說不定會更便宜」的想法而不願消費。「這件商品今天賣 1 萬韓元，但明天可能降至 9000 韓元」，只要想

到這一點，人們就不會急著現在購買。除非有急需，否則人們會一再延遲消費。這會導致整個社會的消費減少、企業的銷售額下降，使得企業減少投資和雇用員工，導致失業率上升，家庭收入減少，經濟增長停滯。因此，國家和中央銀行絕對不會希望物價持續下跌導致經濟萎縮。

　　為此，當物品數量和服務量增加時，所有國家和中央銀行也只能搭配增加貨幣供給量。也就是說，國家未來依然會持續增加貨幣供給量，隨著時間流逝，貨幣的價值必定會跟著下降。這就是為什麼 1970 年代價格為 100 韓元的炸醬麵，現在會漲到 5000 韓元，而且未來炸醬麵的價格還會繼續上漲。花費 1 萬韓元也買不到一碗炸醬麵的時代總有一天會來臨。換句話說，我們所處的資本主義經濟體系的設計就是如此，貨幣價值肯定會持續下降。

　　由於貨幣供給量增加，貨幣價值下降，所有商品的價格普遍都上漲，這種現象則稱為「通貨膨脹」（Inflation）。其實，隨著經濟成長，產生 2 至 3% 的通貨膨脹是非常自然且正常的。穩定的通貨膨脹會帶給大眾一種「物價正在上漲，所以要趕快多買一些」的心理。這麼一來，企業的收入增加，可以提供更多的就業機會，民眾的收入也會增加，進而推動經濟成長。因此，各國中央銀行的目標並不是讓物價毫不上漲，而是在經濟成長的同時，也能維持每年約 2% 的物價上漲。這麼一來，貨

幣的價值才不會一口氣大幅度下降，也能持續刺激人們的消費心理，保持物價的穩定性。

　　幸運的是，南韓在過去 40 年間達成了跳躍式的經濟成長，且物價並沒有過度高漲。因此，人們在收到薪水後還可以儲蓄，加薪後又可以繼續存款，財富便自然而然地累積起來，不需要擔心通貨膨脹。

▶ 當錢越來越薄，必須投資才能增加資產

　　自 2022 年開始的通貨膨脹問題在於幅度過大。除了 1998 年外匯危機時的 7.5% 和 2008 年國際石油價格大幅上漲時的 4.7% 之外，南韓消費者物價上漲率於 2015 年為 0.7%，2016 年為 1.0%，2017 年為 1.9%，2018 年為 1.5%，2019 年為 0.4%，2020 年為 0.5%，2021 年為 2.5%，上漲幅度都非常低。不過，2022 年消費者物價上漲率突然飆升至 5.1%，隔年也預計會超過 5%。

　　這麼一來，就算今年年薪上漲 5.1%，明年上漲 5%，實際所得依然會連續停滯兩年。假如公司營收下降，導致年薪只上漲 2 至 3% 或凍結，那麼實際所得就會更低。在收入不變的情況下，物價上漲，導致支出增加，能用來儲蓄的錢則會減少。隨著時間流逝，能存下來的錢會越來越少。

　　儘管全世界都在為了穩定物價而努力，卻還是無法阻止因

貨幣供給量增加引發貨幣價值下降的情況。**貨幣供給量越多，金錢的價值就會越來越低，僅靠儲蓄無法致富。因此，必須透過投資來對抗通貨膨脹帶來的損失且防患未然。**無論是有形資產還是無形資產，只要是能對抗通貨膨脹、價值會上升的資產，都值得將妳的錢綁定其中。

　　人們常說「薪水只是暫時路過銀行帳戶」。如何有效地管理和保存這些暫時經過的金錢，會決定每個人的未來。因此，絕不能讓通貨膨脹吃光妳的薪水，無論如何都要透過投資來守護和增加財富。根據妳應對通貨膨脹的方式，將大大地改變妳5年後的生活狀態。

〔關鍵字③ 匯率〕

為什麼要投資美元？

1997 年，在我剛進大學的時候，南韓發生了俗稱「IMF 亞洲金融風暴」的外匯危機，電影《分秒幣爭》裡也生動鮮明地呈現了當時的狀況。當時，許多從海外借了大量資金的企業紛紛被要求償還資金，導致企業接二連三地倒閉。當時財閥界排名第二的大宇集團的殞落，帶給大眾龐大的衝擊。為了扭轉危機，許多企業進行了大規模裁員和強制合併等結構重整，導致失業率超過 30%，南韓經濟嚴重動盪。

然而，我腦中留有一個非常有趣的回憶。某天我去朋友家玩，發現熟悉的舊布沙發不見了，取而代之的是一張一眼看上去就非常昂貴的全新白色水牛皮沙發。雖然我很好奇他們家發生了什麼事，但當時的氛圍不適合直接詢問。後來我才知道，

原來那位朋友的父親在一家外商公司工作，薪水都是以美元支付。外匯危機爆發後，匯率翻倍，他們家的生活反而變得更加富裕。當時大眾都面臨經濟困難而低調度日，但朋友家卻還有閒情逸致更換新沙發。

　　當時我隱約感受到「匯率真的非常重要」。隨著匯率的變化，金錢的價值也跟著變動，進而影響到國家、企業和家庭的命運，我切身地感受到了這一點。

　　想必妳也很清楚，匯率指的是自己國家的貨幣和外國貨幣之間的兌換比率。若要購買美國發行的 1 美元，有時需要 1000 韓元，有時則需要 1200 韓元。現在日本發行的日圓（Yen）匯率大約是 100 日圓兌 1000 韓元，但幾年前曾經達到過 100 日圓兌 1400 韓元。（編按：截至出書時的 2025 年 2 月，1 元新台幣可兌換約 4.638 日圓，匯率比前幾年低了許多，使民眾可以用比之前更低的價格買到日本產品，但早些年日圓匯率高時，就要花更多錢才能買到。因此才會說匯率會影響經濟走勢、進出口行業的營收等。本篇談論的匯率變化與生活間的關係，指的就是如同這樣的狀況。）

　　所謂的「匯率上升」代表韓元的價值下降，海外購買力減弱。例如，如果美元匯率上升到 1300 韓元，之前只需支付 1100 韓元就能買到 1 美元，而現在卻要多付 200 韓元，也就是要支付 1300 韓元才能買到 1 美元。

假如妳正計劃要去美國旅行，那麼匯率上升會讓妳蒙受損失。2021 年初，匯率在 1100 韓元左右，那時 22 萬韓元可以購買到 200 美元。但如果匯率上升到 1300 韓元，想購買 200 美元就需要 26 萬韓元，得多支付 4 萬韓元。當然，在進行海外直購（直接購買）時也一樣會蒙受損失。購買 50 美元的商品時，匯率在 1100 韓元時只需支付 5 萬 5 千韓元，而匯率上升到 1300 韓元時則需要支付 6 萬 5 千韓元，必須多支付 1 萬韓元才能購買到同樣的商品。

那麼，「匯率上升」算是壞消息嗎？對於以出口為主的企業，如汽車、電子和造船業來說，匯率上升代表他們可以賺更多的錢。假設三星電子生產的半導體賣到美國時賺取 1 萬美元，如果匯率是 1000 韓元，就等於賺取 1000 萬韓元；但如果匯率上升到 1300 韓元，他們就能賺取 1300 萬韓元。同樣的半導體產品，單單因匯率不同，銷售額就相差了 300 萬韓元之多。南韓仰賴出口業實現了經濟成長，目前韓國綜合股價指數（KOSPI）排名前十的企業，如三星電子、SK 海力士、現代汽車等，都是以出口為主。因此，匯率上升反而造福這些企業的業績，也會反映在股價上。

然而，主要向本國民眾銷售商品的內需產業，對於匯率上升並不樂見。因為像石油這類的必需原料價格會變貴，導致利潤減少。假設石油每桶的價格是 50 美元，那麼當匯率是 1000

韓元時,只要支付 5 萬韓元便可購買一桶石油,但如果匯率升至 1300 韓元,就需要 6 萬 5 千韓元才能購買一桶石油。石油價格上漲會提高製造成本,使得利潤減少。而且如果匯率持續上升,就連出口業的業績也會變差,因為在進口製造所需的原料時,他們也會面臨與內需產業相同的難關。

當匯率急劇上升時,股票市場下跌的機率也會變高。因為在 KOSPI 市場中,占最大比重的不是個人或機構投資者,而是外國投資者。假設某外國人在匯率為 1000 韓元時購買了某間南韓公司的 1 支股票,當匯率急升至 1300 韓元,而股價保持不變,那麼外國人賣出這 1 支股票後得到 1000 韓元,再換成美元時,只能換到 0.77 美元。由於外國投資者需要將投資資金換回美元,如果匯率升至 1300 韓元,他們就會損失 0.23 美元。因此,外國投資者在匯率上升時往往會賣出股票並收回投資金。當匯率上升,外國投資者紛紛賣出股票時,股票市場自然會呈現下跌趨勢。

由於南韓是仰賴出口業維生的國家,所以在各個方面都會受到匯率的影響。若出口情況良好、經濟成長而賺取了大量美元,匯率便會下降;而如果出口情況不佳、經濟萎縮,賺不到美元,匯率就會上升。總結來說,經濟狀況良好時,韓元走高;經濟狀況不佳時,韓元走弱。

另一方面,資產家們通常會趁匯率大幅下跌時收購美元。

明明處於經濟衰退、股價下跌、不動產暴跌的時期，匯率卻上升，這種情況屢見不鮮。因此，持有美元可以防止資產價值下跌。例如，當匯率是 1000 韓元時，用 1000 萬韓元購買美元可以得到 1 萬美元；如果匯率升至 1300 韓元，這 1 萬美元的價值就變成 1300 萬韓元。什麼都不用做，持有的美元價值也會上升，輕鬆賺取 300 萬韓元。

許多人曾經問過我，如果不選擇美元，而是持有日圓或人民幣呢？**如果要持有外幣，建議優先選擇美元**。美元是全球金融市場的主要儲備貨幣，當經濟不景氣時，人民幣通常會走弱，無法像持有美元一般具備防禦效果。此外，最近 5、6 年來，日圓的走勢幾乎與韓元相似，因此持有日圓的吸引力不如美元來得大。

所謂的「持有美元」不是將美元收藏在抽屜裡。最近很流行在銀行開設外幣存款帳戶，例如，當匯率是 1000 韓元時，存入 100 萬韓元可以開設一個存有 1000 美元的外幣帳戶；但當匯率升至 1300 韓元時，你就能獲得 30 萬韓元的匯率差額。而且，外幣存款也受到 5000 萬韓元的存款保護，即使發生匯率差額也不用額外繳稅。但要注意的是，如果在匯率是 1300 韓元時開設外幣存款帳戶，然後在匯率為 1100 韓元時把錢領出來，就得承受差額帶來的損失，因此需要謹慎處理。

近期有些人選擇投資海外股票、透過持有美元的方式來賺

錢。海外股票的價格基本上都是以美元計價的，因此即使股價下跌，以我們的角度來看時，美元升值可以抵銷掉部分損失。舉例來說，一支買入價為 100 美元的美國股票下跌 10%，損失 10 美元，但如果這段時間匯率從 1000 韓元升至 1300 韓元，那麼總結下來反而賺了 1 萬 7 千韓元。

不過，跟南韓不同的是，**美國股票並沒有漲停或跌停限制，因此波動性較大**。1 支今天價值 100 美元的股票，有可能在一天內跌至 10 美元。因此，如果妳因為美國股票的波動性而感到害怕，可以考慮投資美國的分紅股。

妳聽說過「股息貴族」（Dividend Aristocrats）這個詞嗎？這是美國標普 500（S&P 500）公司於 2005 年提出的概念，指的是那些無論遭遇何種風霜或經濟衰退，在超過 25 年的期間依然從未中斷過支付股息的企業。這些企業的市值至少在 30 億美元（約 3 兆 8 千 7 百億韓元）以上，交易量也夠大，像可口可樂、P&G 寶僑家品、嬌生這類的美國優質企業都在此名單中。

不過，美國企業與南韓企業不同之處在於，大多數的美國企業是每三個月支付一次股息，而且支付股息的時間點也各不相同。有些企業在 3 月、6 月、9 月和 12 月支付股息，有些則在 1 月、4 月、7 月和 10 月支付股息，還有些在 2 月、5 月、8 月和 11 月支付股息。因此，如果想以投資美國分紅股並獲取股息為目的，可以設計一個「月月配股息」的計劃。

　　為求方便，我將它們取名為「14710 俱樂部」、「25811 俱樂部」和「36912 俱樂部」。屬於「14710 俱樂部」的企業中，我會選擇一到兩間公司投資；在屬於「25811 俱樂部」和「36912 俱樂部」的企業中，我也會各選一到兩間公司投資。這麼一來，如同施展魔法般的投資組合便完成了，從 1 月到 12 月，每個月都能神奇地收到一些美元股息。當股息進帳時，妳又可以立即拿去再投資，也就是用股息再去購買有支付股息的公司股票。這麼一來就相當於每季進行一次複利投資，資金增長的速度會快上許多。

　　當然，當股市進入熊市狀態，相關企業的股價一旦下跌，就會從賺取股息轉變為蒙受損失的情況。

　　此外，支付股息的企業通常是已經成熟的企業，股價波動較小，即便遇到熊市也較能支撐下去，但難以期待大幅度的增長。像特斯拉和亞馬遜這些公司之所以不支付股息，是因為它們選擇將資金投入在業務擴展和企業成長方面，而非向股東支付股息。因此，投資分紅股固然可以定期獲取股息收入，卻難以期待高度的投資報酬率。

　　然而，那些在數十年當中長期穩定支付股息的企業，大多屬於能源、快速消費品與零售行業（CPGR）、金融等領域，這些產業即使經濟衰退，也不會大受影響、穩定性高。所以，相較於其他產業，它們的股價波動性較小。再加上經濟不景氣

時，美元通常呈現走強的趨勢，因此當處於經濟不景氣的時期，以美元獲取股息可以保護資產價值。

　　以上就是關於匯率的說明。等妳正式開始投資，就會自然而然地提升對匯率變化的敏感度。如果到那時妳仍然不明白匯率為什麼重要，那麼只要視為「看來我還沒準備好正式開始投資啊！」的訊號即可。當然，即使妳尚未準備好，市場也隨時歡迎妳的資金，但當妳從市場中退出時，有可能會變成身無分文的窮光蛋喔！

〔關鍵字④ 人口〕

了解人口變化，就能看見財富

　　幾年前，有位同事覺得僅靠薪水生活越來越困難，於是便購買了某間地方大學對面大樓的套房公寓。他說，如果把房間出租給學生，投資報酬率（即購買價格相對於每月租金的年收益率）能達到 9%，還邀請我一起投資，但當時我沒有多餘的資金而拒絕了他。最近，他為了此事傷透腦筋。由於近年大學生人數急劇減少，陸續出現空房；他還得更換燈泡、修理水管，也要維護整棟建築物，投資報酬率並不如他所預期的那樣高。

　　因此，他再三考慮後決定將建築物出售，但卻賣不出去，令他煩心不已。

　　問題究竟出在哪裡呢？關鍵答案正是「人口變化」。高中

三年級的學生人數從 2016 年的 64 萬 8 千人減少到 2023 年的 39 萬 8 千人，大約減少了 25 萬人。問題是，全南韓大學的錄取名額為 51 萬人，這大幅超過了高三學生的數量。因此，自去年以來，地方大學開始進行合併和縮編。我的同事雖然每天都看到關於出生率下降、人口減少的新聞，卻未能將這些資訊與自身的投資項目連結起來。他以為大學正對面的建築物加上一房的公寓，應該會需求旺盛，只要裝修得體就一定能順利出租。

不久前有一則新聞報導說，2023 年首爾地區小學教師甄試中錄取的 119 名合格者，全員都尚未被分發，只能持續待機，其中甚至有 5 名教師早在 2022 年就通過教師甄試，至今卻仍未被分發。即使通過了教師甄試，卻超過一年半沒有可以入職的國小，被迫淪為無業遊民。原因在於小學生人數快速減少。在夢幻職業的排行榜中，教師這個職業一直都名列前茅，十分受到歡迎。雖然近來教師的權益不斷垮台，報考人數有所減少，但依然有許多人夢想成為教師。然而，都好不容易成為了教師，卻沒有學生可以教，那該怎麼辦呢？夢想未來成為教師的人，不得不嚴肅地面對這個現實。

然而在南韓，學生人數的縮減已經不是變數，而是一個既定的常數。以鷺梁津「考試村」為例，由於準備公務員考試的考生人數減少，越來越多店鋪也隨之倒閉。因此，往後無論是在選擇職業、選擇住所，或是購買店鋪時，如果輕忽人口減少

的現象，可能會跌跤慘敗。

▶ 人口的增減，往往反映經濟的變化

　　從很久以前開始，經濟與管理專家就將「人口變化」視為重要的決策標準。被譽為現代管理學之父的彼得・杜拉克在預測未來時經常採用「人口統計學」，他曾解釋過自己為何要使用這個方法：「與未來相關的一切，唯有人口統計是可以被準確預測的事實。」

　　南韓的人口變化之所以會成為預測未來時最大的變數，是因為人口結構正呈現斷崖式下降。南韓統計廳的數據顯示，2022 年滿 1 歲的人口數為 27 萬 134 人，而滿 60 歲的人口數則達到 80 萬 3399 人。雖然之前就有預測未來南韓將成為一個孩子減少、老年人增多的國家，但沒有人預料到低出生率和高齡化會進展得如此迅速。

　　倘若持續照此趨勢發展，製造兒童商品相關的產業將不可避免地走下坡；而以老年人為受眾，製造並販售相關商品的產業則會迎來上升趨勢。因此，許多生產嬰兒奶粉的公司正在迅速轉型為銀髮族食品專門公司，原本生產尿布的企業也開始投入老年人看護墊的生產。40 至 50 歲這個族群在變老的同時，投資者們也忙著尋找下一個明日之星產業。銀髮族產業、健康產

業、製藥和牙科相關產業的興起，也隱含著這一層面的原因。

　　「1 人家庭」迅速增長的現象也值得關注。南韓統計廳資料顯示，2016 年有 539 萬 3 千戶的 1 人家庭，到 2021 年則增加到 716 萬 6 千戶，增加了接近 180 萬戶，占總家庭數的 33%。也就是說，每 3 個人就有 1 個人是獨自居住。因此，許多企業爭相開發以 1 人家庭為受眾的商品，這也反映在相關產業的股價上。

　　從人口增長時代轉變到人口縮減時代，真的有許多事物正在改變。這代表妳過去所認識的社會形態或規範，在未來極有可能不再適用。當然，沒有人能夠精準地預測未來，但至少人口縮減是「確定的未來」。**因此，了解人口變化能避免投資在錯誤領域，也可以使人預見未來的財富會集中在何處。**如果妳很會觀察和善用人口變化的趨勢，那麼投資成功的機率也會大幅增加。

　　最後，我想引用世界最大債券管理公司 PIMCO 的共同創始人，被譽為「債券之王」的比爾・葛洛斯說過的話：「如果我處於被隔離一整年，無法閱讀任何資訊的情況下，只能選擇知道一件事，那我會選擇了解人口統計。我想知道接下來一兩年內會組成多少的新家庭、住房需求產生什麼改變，新進勞動者又會為勞動市場的壓力帶來哪些變化。這些因素都會影響通貨膨脹、財政與金融政策，以及總需求與總供給，也會進而影響債券市場。」

〔關鍵字⑤ 閱讀〕

有錢人喜愛閱讀的原因

　　微軟的創辦人比爾‧蓋茲每年都會前往湖邊的小木屋度假兩次，他會在那裡閱讀並整理思緒。這個被他取名為「思考週」的行程是他自創辦微軟以來，一直堅守的習慣。他會在一週內閱讀數十本書、論文和各種報告，藉此釐清未來世界的變遷，以及自己應該為此採取哪些行動。他在 2017 年接受《時代》雜誌採訪時表示「閱讀」是成功的必備要素，並說了這段話：「每一本書都讓我領悟到新的東西，讓我得以用不同的視角來看待世界。我很幸運能遇到鼓勵我閱讀的父母，閱讀不斷地激發我對世界的好奇心，而這種好奇心促使我做事業，並幫助我投身於現在正在經營的基金會。」

　　華倫‧巴菲特的夥伴、波克夏‧海瑟威的副董事長查理‧

蒙格在某次訪談中被詢問：「為了成功投資，需要累積哪些知識？」對此，他做出了下列的回答：「為了做出正確的投資，了解自然科學和人文學科的大概念是很重要的，因為這些學問能提供『平衡的視角』。」

換句話說，了解世界運作的原理，才能將自己的經驗分類和系統化，進而在投資時獲得勝利。他強調：「不進行大量閱讀，就無法成為見多識廣的優秀投資者。」並且表示，如果人們知道他和華倫・巴菲特讀了多少書，肯定會驚訝不已。

為什麼偉大的投資者和有錢人都喜歡大量閱讀呢？在我看來，這是因為創意思維的力量源於「多閱讀」。多閱讀代表可以接觸到更多與自己的哲學和世界觀不同的人們，這麼一來，便能夠檢視自己的想法是正確還是錯誤，並能從不同的角度來看待自己的觀點。也就是說，多閱讀可以拓寬思維的廣度。

然而，無論讀什麼書，如果想把書中的內容內化成為自己的東西，光閱讀是不夠的。我們生活在資訊泛濫的時代，透過智慧型手機、網路和 YouTube，海量的資訊湧現而出，各種社群網路服務（SNS），如電子郵件、Line、Twitter 的通知聲也不斷響起。我們被淹沒在資訊的洪流中，不知不覺間，1 天、2 天，甚至 1 週很快就過去了。然而，當被問及做了什麼時，卻常常一時答不上來而感到茫然。儘管聽了、看了很多東西，但一切資訊不過只是從我們身邊擦肩而過罷了。

因此我認為，**比起讀了什麼書，更重要的是妳如何消化那些書，將它們內化成為妳的**，這樣才能真正有所收穫。

比爾·蓋茲以閱讀各種領域的書籍聞名，無論是歷史、人文、經濟、科學、自我成長還是小說。據說他在閱讀時，不分書籍的類型，只要腦中浮現任何想法或領悟，他都會記錄在書本的空白處。當他同意作者的觀點時，他會寫下同意的緣由；當作者的觀點與自己不同時，他也會寫下兩者觀點的落差之處，進而拓寬自己的思維。這個過程可以更深入地理解書的主題，消化書的內容、內化成為自己的。簡而言之，他透過閱讀來培養「思考的力量」，並拓寬思維的廣度。因此，比爾·蓋茲在某次採訪中表示：「在閱讀時，書的內容越是讓我不滿意，我就會花越多時間在空白處寫下我的筆記。」

▶ 透過大量閱讀，培養屬於自己的觀點

我也是如此。不管閱讀什麼種類的書，我都會隨時做筆記。不過仔細回想起來，我從偉大的投資者們的「成功故事」中學到的東西，反而不如從他們的失誤和失敗中學到的多。我很喜歡《股票作手回憶錄》這本書，因為書中詳實記錄了在 100 年前股票市場中，身經百戰的傑西·李佛摩（Jesse Livermore）的各種投資成功和失敗故事。儘管傑西·李佛摩生活在與我不

同的時代，但看到他面臨了與今日投資者類似的困境時，我也不禁思考「如果我是他，我會怎麼做？」這帶給我莫大的幫助，讓我得以預測類似情境下會展開的各種劇情。正如傑西・李佛摩所說的：「人性的本質不變，所以股票市場的歷史也會不斷重演。」

假如妳請我推薦一些可以學習財經知識的書，我的回答也許不合妳意。但我在度過人生時體會到：比知識更重要的是「觀點」。**擁有豐富經濟知識的人並不一定是成功的投資者**，比起掌握百種投資技巧，更強大的是「看見別人看不見的東西，思考別人沒想到的事情，以不同於他人的觀點來看待事物」。

例如，過去的時代中，沒有人料想得到人們會花錢買瓶裝水，但後來有人開始生產並銷售瓶裝水；曾有人質疑誰會在網路上買書，但後來卻有人開始在網路上賣書；漫畫曾被認為是只給孩子看的內容，但現在卻以「網漫」（網路漫畫）的形式在全球銷售。因此，在這個充滿不確定性的世界裡，妳如何看待世界也許比掌握更多經濟知識更為重要，而書籍正是一個窗口。這也是為什麼查理・蒙格會推薦大眾多閱讀人文學科和自然科學書籍的原因。

幸運的是，這個世界上已經出版了妳閱讀一輩子也讀不完的書籍。因此，我希望妳從自己認為最需要的書開始閱讀，慢

慢地消化吸收。不論閱讀什麼書，只要在閱讀過程中做筆記且
培養思考的能力，它們將成為妳穩固的資產。「讀懂世界走向
的眼光和洞察力」，正是妳需要透過閱讀養成的能力。

〔關鍵字⑥ 新聞頭條〕

每天都要看新聞頭條

　　這是某位投資者的故事。有一天,他在讀經濟報紙《華爾街日報》時,在報紙的一角看到一則短短的新聞:「世界最大的咖啡豆生產國巴西降雨,讓嚴重的乾旱獲得緩解。」他讀到這則新聞後,立刻買進數千支的星巴克股票。他判斷,降雨會增加巴西的咖啡豆產量,使咖啡豆的價格大幅下降,星巴克便能以低價購買咖啡豆而增加許多利潤,進而推動股價上漲。

　　然而,下一週星巴克的股票不但沒有上漲,反而下跌了兩個百分點。但他依然沉著地耐心等待,最後股價迅速上漲,光在 3 天內就上漲了 10 個百分點。他隨即賣出股票,共獲利 8000美元(約 25 萬 7 千元新台幣),並從股市中悠然退出。

　　還有另一位投資者。他在讀經濟報紙時,看到一則新聞報

導，內容提及沙塵暴造成空氣清淨機銷量暴增。於是他找到了生產空氣清淨機的公司，買進該公司的股票。但不幸的是，從隔天起該股票便開始下跌，因為他違背了「謠言買入，新聞賣出」這句投資名言。

「謠言買入，新聞賣出」是一句非常古老的投資名言，意思是當聽到有利於股價的謠言時買進該公司的股票，而當這些謠言被證實並在新聞公開時則賣出股票。**股票具有「反映未來」的特性**，所以當新聞見報時，早就有許多人買進了該股票。因此，若是看到新聞後才買進股票，往往為時已晚。

股市有個特色，那就是會隨著新聞起舞。無論是個人投資者、投資分析師還是機構投資者，收看晨間新聞已成為每日必備行程。其中大多數的人基本上會看一份綜合性報紙加一份經濟報紙；早上起床後，藉由翻閱報紙來開啟一整天。

妳曾問過，只要打開智慧型手機，各大媒體的新聞便能一覽無遺，為什麼這些人還堅持看紙本報紙呢？首先，紙本報紙有個優點，可以幫助人忽略不重要的新聞，快速掌握重點新聞。網路文章沒有版面限制，各種新聞同時湧現，有時會讓人無法分辨應該關注哪些新聞，結果錯過真正重要的情報。

紙本報紙必須在有限的空間內排版文章，因此記者和編輯會聚集討論每篇文章的重要程度，這個過程被稱為「把關」（Gate Keeping）。決定哪些報導要登在頭版、哪些報導要登在

第二版；如果登在頭版，是大篇幅的報導還是刊登在下方的小篇幅報導，他們會先替讀者做出判斷。這樣讀者只需看頭版就能立刻了解當天的重要新聞。

媒體界人士之間常說：「20 世紀最偉大的發明之一，就是報紙的版面設計。」這句話並非空穴來風。

儘管網路新聞也有類似的「把關」過程，但比起內容的重要性，網路新聞更偏重於吸引網友點擊的文章。因此，如果早上沒有時間仔細閱讀報紙，至少也投資個 5 分鐘吧！光是快速瀏覽從頭版至 30 版的標題，就能一目瞭然當天的重點新聞及社會、經濟話題。

其次，閱讀報紙能學會從不同角度來思考事情。有時，同一則新聞在 A 報紙、B 報紙和 C 報紙上的觀點會有所不同。例如，假設昨天韓國銀行提高了基準利率，A 報紙說利率調高會導致房價調整；B 報紙說利率調高會改善銀行的存貸利差（銀行透過存款和貸款利率的差額賺取的利潤），銀行股票的表現將會變好；而 C 報紙則預測，雖然昨天提高了基準利率，但韓國銀行將來還會再提高兩次利率。面對同一事件，解釋的方向和觀點都不盡相同。透過不同報導，妳可以更輕鬆地掌握哪個產業對利率調升的反應最為敏感，進而培養宏觀的經濟視角。

▶ 藉由閱讀報紙，快速掌握世界脈動

如果每天收紙本報紙的負擔太大，可以考慮訂閱網路版。現在許多紙本報紙都提供 PDF 格式的電子版，可以輕鬆使用電子產品閱讀。儘管智慧型手機和平板電腦的螢幕較小，但用來瀏覽並無大礙。我每天上班後會使用 PDF 服務，來閱讀一份綜合性報紙加兩份美國經濟報紙。通常只花 30 分鐘查看重要報導，但如果當天有震撼市場的重大新聞，我就會花 1 至 2 小時仔細閱讀。

因此，雖然妳可能覺得有點陌生，但我希望妳能每個月投資 2 萬韓元訂閱一份綜合報或經濟報。一開始不必過度勉強自己，先讓自己熟悉報紙即可。設置手機鬧鐘提醒，每天定時查看頭版頭條也是個不錯的方法。只要這樣堅持 3 個月，原本看起來只是「白紙黑字」的報紙，在妳眼中會漸漸呈現一定的脈絡。如果想更快速地熟悉報紙，還可以用紅筆標註重要文章，並在下面寫下幾行妳的想法。這樣堅持 6 個月，妳將會慢慢地體驗到閱讀經濟新聞的樂趣，也會自然而然地與周遭朋友討論經濟議題。

堅持閱讀報紙一年後，妳甚至能更進階地將透過報導獲取的知識和相關情報，整合到自己的投資活動中。「一年當中閱讀過的經濟報導」會慢慢地累積在心中，藉此培養出投資的敏

銳眼光。這麼一來，妳將會知道該如何取捨並做出合理的投資決策，例如要將退休金投資在哪些產品上？現在是否為買房的時機？儲蓄的錢該投資於哪裡等等。

因此，如果妳想學習理財，就養成「每天早上查看報紙頭條」的習慣吧！即使只實行一年，每天早上都看報紙的人和不看報紙的人之間，也會有極其明顯的差距。

Chapter 5

不藏私！22 年投資經驗完整分享

〔儲蓄〕

開始存第一桶金

累積財富的第一階段是先積攢基礎資金,以便日後作為種子基金(seed money,指可用於未來創業或發展的基儲蓄金)使用。方法看似很簡單:增加收入並減少消費,自然就能存下錢。然而,這方法看似簡單,實際上並不容易實行。即使年收入增加,但如果物價也隨之上漲,實際所得還是停留在原地。無論再怎麼節省開支,也無法減少房租、瓦斯費和電費、管理費、通信費等固定支出。

即使如此,還是有些人能慢慢地累積財富。同樣每月收入300 萬韓元,有些人能存下錢,有些人卻說生活很吃緊。這其中的差異究竟在哪裡呢?

▶ ❶ 將銀行帳戶做區別

　　孩子，假如妳發現自己剛領到薪水沒幾天，錢就消失得無影無蹤，而且這狀況屢見不鮮，那麼妳現在很可能只有一個銀行帳戶。如果妳下定決心要存錢，就趕緊把銀行帳戶分開來使用吧！妳需要根據不同的目的來管理銀行帳戶。一張看起來一樣的 1 萬韓元鈔票，一旦被賦予了具體用途，它就成為不同的錢了。當薪水進入帳戶後，請立即將薪水分別轉入生活費帳戶、理財帳戶和緊急預備金帳戶等。這麼一來，就能夠守住那些在無意中被花掉的錢，藉此存下更多的錢。

　　在任何情況下都能存到錢的人們，通常會將帳戶分成以下四類：

（1）**薪資帳戶**：當薪水入帳後，僅留下每月固定支出的錢，如房租、管理費、通信費、水電費、貸款還款金、保險費等，其餘的錢則轉入 2 號、3 號和 4 號帳戶。可以將大部分的自動轉帳功能設置在這個帳戶中。

（2）**生活費帳戶**：預先計算好最低生活費並存入此帳戶，盡量將生活花費控制在這個範圍內。將信用卡和簽帳卡連接到這個帳戶，包括日常通勤費、餐費、電影票、購書費等都從這裡支出。在確認帳戶餘額的過程中，可以養成合理的消費習慣並自

我控管。

（3）**理財帳戶**：這是專門用來增值資金的帳戶。妳的種子基金將從這裡開始並逐漸壯大，定期存款、定期儲蓄存款、購屋儲蓄、股票型基金、儲蓄型保險等都屬於這一類。理財帳戶通常難以隨意取款，中途解約或毀約便會有所損失。因此，必須先擬定長期計劃再使用，不管遇到任何狀況，都不可以輕易動用這個帳戶。

（4）**緊急預備金帳戶**：我們隨時可能會有意料之外的支出或突發事件發生。不同於理財帳戶的是，緊急預備金帳戶裡的錢不能被鎖住，必須隨時方便取用。存下這筆錢的目的是為了應付不常見的緊急支出，如禮金、奠儀、醫療費用、手機維修費等。以目前來說，許多人會使用「Parking 帳戶」*作為緊急預備金帳戶，即使只存放一天也會有 2% 至 3% 的利息。各金融機構對此有不同的名稱，如安全箱（Safe Box）、CMA、貨幣市場基金（MMF）等。

為什麼需要細分成這麼多帳戶呢？假設妳的月薪是 250 萬韓元，如果只有一個帳戶，雖然知道要節省開支，但妳的大腦

---

* 是南韓最近流行的投資商品，特色為錢不會鎖在帳戶中，就算只放一天也可以有高利率，有點像是募集存戶的錢，再去做其他投資，並分紅給大家。

還是會把可用資金的總額設想為 250 萬韓元，並以這個額度來消費。然而，細分成好幾個帳戶時，妳自然就會將消費規模設限，也能夠練習將每筆錢貼上標籤。如果妳建立了一個生活費帳戶，並把 70 萬韓元存進去，自然而然就會養成只使用 70 萬韓元過完一個月的習慣。這麼一來，妳便能明確看出生活費中有哪些項目可以再節省、哪些項目則需要增加，進而更加合理地計劃下個月的生活費。

假如妳收到意想不到的三節獎金或休假補助費，不要把這筆錢留在薪資帳戶中，立即把錢轉入緊急預備金帳戶吧！如果妳使用「Parking 帳戶」作為緊急備用金帳戶，那麼在妳考慮要如何使用這筆錢的過程中，每天還有利息可以領。相反地，假如不將這筆錢轉入緊急預備金帳戶，而是留在薪資帳戶中，妳將有很高的機率會隨意花掉這筆錢，導致辛苦養成的消費習慣節奏被打亂。養成習慣非常困難，破壞習慣卻是一瞬間的事。

上述提到的帳戶分割法，不僅可以設定資金用途，也能根據這些用途來消費，藉此建立出一套思考迴路。此外，這也是一套預算系統，讓妳領到薪資後能夠妥善管理和經營。因此，將帳戶區分開來使用，妳便能夠掌握自己的錢流向何處、哪裡是漏洞，進而達到增加儲蓄和投資的目標。

當然，並沒有一定要將帳戶分成四個，但是，一定要擁有緊急預備金帳戶。尤其是社會新鮮人，往往會忽視緊急預備

金的重要性。建議準備相當於 3 個月薪資的金額作為緊急預備金，在度過生活時，難免會突然生病住院，或者接到朋友們婚喪喜慶的消息，臨時需要支付禮金或奠儀；開車時因超速收到罰單，或者手機掉落螢幕碎裂……，這種情況下，如果妳沒有緊急預備金，就只能無奈地使用 15 至 20% 高利率的信用卡現金預借服務；若遇到更糟糕的情況，妳甚至得含淚取出辛苦存下的定期存款。為了防止這種情況發生，一定要預備足夠的緊急預備金。

▶ ❷ 支出也需要原則

有位熟識的學長曾經說過，他買車時有一個原則：車價不得超過 3 個月的薪資總額。那位學長看起來很時髦，大家都以為他會買進口車，但他卻意外地選擇了現代 SANTA FE 車款並如此解釋。不過，為什麼不是 2 個月或 6 個月，一定要 3 個月的薪資總額呢？某個 YouTuber 曾說過，如果年輕女性想買名牌包，花費淨收入的 5% 是可以接受的。某位不動產專家則建議，買房的價格應該落在年薪的 10 倍左右。

這些數字指標究竟是根據什麼標準制定的呢？而又該如何判斷這些標準是否正確呢？

南韓金融監督院的金融教育中心制定了一個「過度消費指

數」，過度消費指數＝（月平均收入－月平均儲蓄）／月平均收入，簡單來說，就是每月收入扣除儲蓄後，實際花費的錢占收入的百分比。當過度消費指數為 1 時，表示嚴重過度消費；0.7 至 0.9 表示過度消費；0.6 表示適當消費；0.5 以下則表示節約消費。

假如剩餘的錢只占收入的 10 至 30%，則表示過度消費；而如果能將收入的一半以上都儲蓄起來，則表示相當努力地存錢。對於 20 至 30 幾歲的人而言，為了早日累積資產，應更嚴格地應用這一指標。未婚且膝下無子女的人，建議要將過度消費指數保持在 0.3 至 0.4 以下。許多人都表示：若想快速存到種子基金，應將年收入的 60% 以上都儲存起來；這樣執行時，過度消費指數將可以保持在 0.4 以下。

為了避免過度消費，支出時也需要樹立原則。特別是對單一項目的支出不應超過月薪的 5%。為什麼是 5% 呢？舉個例子來說明給妳聽。

如果 95 想變成 100，只需增加 5.3% 的收入；90 想變成 100，需要增加 11.1% 的收入；然而，80 想變成 100，就需要增加 25% 的收入；而 50 想變成 100，甚至需要增加 100% 的收入。考慮到一般的經濟成長率、物價上漲率或薪資成長率通常會落在 3 至 5%，就算月薪消失個 5%，只要下定決心還是可以輕鬆補救回來。然而，當月薪的 10%、20% 甚至 50% 消失時，這就

不是能輕鬆彌補的數字了。為了彌補這些損失，需要比平時更加縮衣節食，大幅節省日常開銷。

　　因此，不管是何種細目，**任何支出都不應超過月薪的5%**，這個觀念非常重要。假如大手筆買了名牌包，分 12 期分期付款，每月支出不超過薪資的 5%，這是可以接受的；但如果每月的分期付款金額達到薪資的 10%，就會承受很大的壓力，因為還需要支付額外的分期利息。

　　買車時也是一樣。一般國產小型車的新車價格約為 1000 萬韓元，可 60 期分期付款，每月需要支付 16 萬韓元。對於月薪320 萬韓元的人來說，每月支出 16 萬韓元，約占月薪的 5%，這種程度不會造成太大的壓力。而此時，將 3 個月的薪資加總，其金額剛好等同於車價。當然，買車後還需支付保險費、燃料費、停車費等各種養車費。但整體而言，這足以證明學長所說的「3 個月薪資原則」並非是毫無根據的空話。

　　因此，特定的單項支出總額應保持在月薪的 5% 以下。這一原則適用於「消耗性支出」，至於「不會消失的支出」，例如不動產、股票等投資性資產，計算方式又有些許不同。

　　一般來說，衣服、包包、汽車等都被歸類為「消耗性支出」。這些物品並不容易二手轉售，即使轉售，價格也會大幅下降，無法保值。經濟學上將這種現象稱為「折舊」，意思是每年價值會大幅下降。汽車的折舊特別嚴重，購買價值 1000 萬

韓元的汽車，使用 5 年後轉售時，價格跌至 200 萬韓元以下的情況非常多。車齡越長，價格下降的幅度越大；即使是完好無缺、可以正常運轉的車子，一旦進入二手市場，經銷商也會大幅壓低價格。對於這類折舊嚴重的資產支出，應該根據每月領到的薪資，也就是現金流來制定支出標準。

　　然而，不動產和股票等投資用資產，本質上是不存在折舊的。這類資產的價格時而下跌、時而上漲，但不會因為持有的時間變長而越發廉價。如果 10 年前買的現代汽車股票和昨天買的現代汽車股票價格相同，這完全不合理。同樣地，公寓、別墅、店面也會隨著時間流逝而變得老舊，但這些資產的本質價值——即土地分額，並不會折舊。因此，就算是擁有 40 年歷史的重建公寓，主要看的還是其土地分額。

　　所以，沒有折舊的資產支出即算是投資，它們會成為資產的一部分。同樣是支出，但計算方式有所不同。以大眾都很關心的房子來說，適合的房價通常是 10 年薪資的總額。人們普遍會選擇在結婚生子後，等孩子上小學時購買房子。孩子上小學的年齡是 8 歲，所以第一個週期通常是 10 年。假設年薪為 3000 萬韓元，且夫妻雙薪，便可以將長期目標設定為 6 億韓元的房子。銀行在提供房屋貸款時，會考慮總貸款利息試算債務收入比（DTI），一般為 50%。銀行認定你有能力存下一半的月薪來償還本金和利息，便會提前提供貸款。**房子是資產，償還貸款**

的行為實際上是在累積資產。

像股票這類的金融資產則不一樣。資產通常是由不動產（房子）和金融資產組成，而股票投資則跟定期存款、債券、基金一樣屬於金融資產。房子是不可或缺的必需品，但股票則非必需品，不購買股票也可以生存。此外，跟房產相比，股票價格波動較大，因此投資時使用的一定要是閒置資金。

▶ 不把錢全數放股市，是投資的基本原則

此外，**一般來說會建議股票投資比例（不包括基金）不要超過總資產的 5%**，這是因為股市每年的波動幅度約為 20% 到 30%。波動幅度大的資產，投資比例不宜過大，這是投資的基本原則。

乍看之下，妳可能會認為，這樣股票投資比例不會太低嗎？然而，衡量自己能承受損失的範圍是必要之舉。在金融市場中，這被稱為「波動度」。定期存款、債券、股票雖然都是金融資產，但可能蒙受損失的最大範圍各不相同。定期存款不會有損失，債券雖有可能損失但幅度較小，而投資股票損失的可能性很高、損失幅度也較龐大。因此，必須要考量這個層面來調整投資比例。

如果資產分配得當，即使市場表現不佳，也能將損失降到

最低並穩定地獲利。許多論文都已經證明，決定資產營運成果的關鍵，有 90% 來自於資產分配，股票選擇（5%）和買賣時機（2%）的影響則非常有限。

　　因此，無論妳有多少閒錢，把錢全數投資在股票上是非常危險的舉動。能夠在夜晚把腳伸直、安心入睡的投資，才是最棒的投資。因此，建議股票比例不要超過總資產的 5%。假設股票比例占總資產的 5%，而股票的波動度是 20%，那麼便可以將妳的總資產波動幅度控制在 1% 到 2% 之間。這驗證了「支出也需要原則」這句話。

〔股票〕

不盲從的股票投資法

過去 20 多年來，我在證券業工作的過程中，見證了許多富人的誕生：從一夜致富的暴發戶、事業有成的白手起家型富人、透過投資不動產或股票賺錢的資產管理型富人。另一方面，我也見過一些人把錢全都投入股票，結果一夜之間變得一貧如洗。我在累積財富和讓財富增值的過程中，也嘗試了各種投資方式，時而賺錢，時而賠錢。這 20 多年裡，我經歷了好幾次的牛市和熊市，有時感到很愉快，有時卻痛苦不堪。然而，多虧有這些經歷，我才得以制定出幾項自己特有的投資原則。以下是我特別想告訴妳的投資原則：

▶ ❶ 最重要的是情緒控管的能力

我剛入職時發生了一件事，當時我在營業部管理客戶的帳戶，有一位 50 多歲的女性客戶，她經常佩戴名牌寶格麗手錶，事業也做得很大。她再三叮囑我，如果三星電子的股價跌破 30 萬韓元，一定要聯繫她，因為她一定會買進。身為新進員工，每筆訂單都很珍貴，所以我每天都在監控三星電子的股價，滿心期待它跌破 30 萬韓元（當時的三星電子尚未進行 50：1 的拆股，因此等同於只要現在股價跌破 6000 韓元，她就會買進）。

在 2003 年 3 月的某一天，三星電子的股價跌破了 30 萬韓元。當時美國因為 911 恐怖襲擊事件而準備進攻伊拉克，市場上充斥著經濟將會嚴重衰退的恐懼；而當我想到那位客戶終於要買進三星電子的股票時，便感到極其興奮，立即打電話給她，詢問她是否要下單。然而，電話那頭沉默了 10 秒鐘，她隨後對我說：「我考慮一下。」然後就掛斷了電話。我雖然感到很扼腕，卻也無可奈何。帳戶的主人不願意買單，身為營業員的我也無能為力。

之後，三星電子的股價盤整了大約兩個月，徘徊在 20 萬韓元後半段。接著傳出中國經濟復甦的消息，再加上新學期的到來使電腦訂單增加，股價開始急劇上升，至今再也沒有回到那個價格（以拆股前的價格計算，現在大約是 300 萬韓元，漲了

超過 10 倍）。

　　每當想到三星電子的股票，我就會想起那位客戶。她等待了那麼久，甚至還設定了買進價格，但當價格真的到達她的預設值時，她卻未能下單。為什麼會這樣呢？原因只有一個，她希望能以更低的價格買進。

　　投資者總是希望能以更低的價格買進股票，然而，如果無憑無據，單純因為害怕股價進一步下跌而不敢買進，那只代表自己無法克服心理的恐懼。反過來說，這種心理同樣適用於賣股票時。即使已經獲利豐厚，仍希望能以更高的價格賣出。原本決定 30 萬韓元時賣出，但當股價真的到達 30 萬韓元時，又覺得說不定很快就漲到 40 萬韓元。這就是貪心。也許正因如此，才會出現「趨勢會一直上升到月球」這種說法吧！

　　這也是為什麼會有「在膝蓋時買進，在肩膀時賣出」這種說法。「膝蓋和肩膀」這個時機點可以幫助投資者更理性思考，減少被貪婪和恐懼動搖的程度。理想狀況下，大家都希望在最低點（即腳底板）買進，在最高點（即頭頂）賣出，但這是不可能的。沒有人能夠準確預測最低點和最高點，唯一能做的就是判斷市場是上升趨勢還是下降趨勢，並在自己預設的價格進行買賣。因此，即使是再出色的投資者，也有可能會暫時虧損，或者賺得少一些。

　　因此，最關鍵的是妳的心態。在熊市中，妳必須有能耐承

擔恐懼和痛苦；在牛市中，妳必須懂得克制貪婪，否則，妳可能會錯過最適合買進和賣出的時機而後悔不已。所以，別幻想自己在任何情況下都能保持冷靜和做出理性的判斷。在充滿恐懼和貪婪的市場中，光是堅持下去都不容易了。

　　在投資股票之前，學會控制自己的情緒是首要之務。別誤以為妳能永遠保持理性，妳隨時都可能犯錯。倘若無法控制好情緒，那麼乾脆不要投資股票，**因為不太會控制情緒的人，絕對不可能戰勝市場。**

▶ ❷ 等待也是一種投資

　　若認識更多投資者，妳將會驚訝地發現，他們當中有許多書痴。在汝矣島的 IFC 購物中心地下樓層，有一家永豐文庫（韓國知名書店）。我常看到許多在附近工作的基金經理和投資者們，在簡單吃完午餐後就去書店光顧。他們會定期確認有哪些新書出版、哪些是自己沒有掌握到的最新趨勢並加以研究。在永豐文庫出現之前，是由汝矣島百貨公司一樓的書店來扮演這個角色。有些公司的營業經紀人，只要發現有值得一讀的書出版，還會一口氣訂購 10 到 20 本，作為禮物送給客戶。

　　在 2003 年至 2004 年間，有一本書在汝矣島掀起了熱潮。那就是麥嘉華（德語：Marc Faber）的著作《*Tomorrow's Gold*》（編

按：本書無中文版）。當時，在證券界工作的人們互相傳閱這本書，並熱烈討論作者的觀點。我也從一位前輩那裡收到這本書，立刻拜讀了起來。作者在書中預言「中國將崛起，而背負巨大債務的美國將會衰落」，並且主張「美元將大幅貶值，黃金將再次躍升為重要的主要貨幣」。實際上，當時中國經濟正處於繁榮期，航運、造船和鋼鐵股的人氣持續高漲。

那時的我也想方設法，試圖搭上這波潮流。由於研究中心的員工不能購買個股，我決定改成開立黃金帳戶。黃金帳戶跟定期存款很像，將一筆錢鎖在這個帳戶一整年，但它無法領取固定利息，而是根據黃金價格上漲的幅度來獲利。然而，狀況卻與我的期待大相逕庭，整個 2004 年，金價都在橫盤整理。我無數次地懷疑，究竟是麥嘉華的預言錯了，還是我錯了？到後來，因為我在 2005 年結婚，需要一大筆錢，迫不得已只好將黃金帳戶解約，最終獲得的收益僅僅是幾千韓元。

不過，時機之精準讓我備感震驚，恰巧在我解約之後，金價開始大幅飆漲。過去一直徘徊在每盎司 400 美元左右的金價，在 2008 年竟然飆升至 1000 美元，2011 年甚至接近 2000 美元。透過這件事我深刻體會到，即使擁有再好的資產，如果沒有穩穩地耐心等待，也可能無法獲得利益。

就算擁有再好的投資構想，也可能需要等待很長的一段時間才會反映在價格上，這種情況非常普遍。雖然有些股票曾在

一個月內上漲 50%，但投資的世界比想像中更為殘酷，不會輕易讓你獲利。因此，如果妳買了一支好股票，就需要充足的耐心等待其成熟。等待也是一種投資。

▶ ❸ 別讓自己賠錢，絕對不要賠錢

有位前輩在汝矣島做了多年的分析師，現在則獨立出來成為專業投資者。他不僅對市場有著出色的洞察力，也不吝惜地分享關於人生和投資的睿智見解，所以我經常去拜訪他。有一次，由於時近年末，我買了瓶酒去問候他，並談起明年市場前景。我分享了自己的看法：「明年市場狀況感覺不太好，所以我打算多談談價值股。」

但那時，前輩忽然靜默了一會兒，似乎在思考些什麼，最後他說：「如果市場下跌，所有的股票也都會跌。」

機構投資者與個人投資者對於股票，必然會持有不同的觀點。基金經理無論喜歡與否，依照規定，他們無法將股票持倉比例降低到一定水準以下。因此，遇到市場下跌時，他們會進行換股操作，將持有的股票轉換為相對跌幅較小的公司，或者是那些仍有上漲潛力的公司。然而，他們無法完全將股票都賣掉、退出股票市場。個人投資者則不同，如果判斷股票行情不好，個人投資者可以選擇購買債券或黃金，將資金轉為現金，

待時機合適時再重新進入股市也無妨。雖然把握短期退出股票市場的時機並非易事，但相較於機構投資者，個人投資者有更多選擇。

前輩說，他獨立出來做的 10 年當中，最重視的詞彙便是「生存」。他一直銘記在心的投資原則是：必須守住資金，才能迎接下一次的機會。即使收益率較低，首要目標仍是要在市場中生存下來。懂得滿足於小額收益，才能走得長遠。簡單來說，如果想再次被邀請參加派對，至少要先活下來。

上述經驗絕非易事。富人擁有較多資產，自然而然會進行「守財型投資」。但窮人每天都在追逐利潤，很容易心急。想守住財富的投資者與想累積財富的投資者，兩者的觀點肯定有所不同。保守型投資者即使看到高收益，但只要風險較大，他們也不會投資；而追逐利潤者則會選擇高風險、高收益的投資項目。

然而，市場是公平的，甚至有些殘酷。一個小小的錯誤判斷，就可能讓妳辛苦累積的財富瞬間化為烏有，這就是所謂的市場。因此，我認為即使賺得不多，守住本金才是最重要的。唯有生存下來，才能把握住下一次的真正機會。

2017 年，印度裔投資者莫尼希・帕布賴（Mohnish Pabrai）在加州大學爾灣分校（University of California Irvine，簡稱 UCI）的一次投資演講上表示，綜觀華倫・巴菲特的成功祕訣在於，

他一生中有五次重大的賭注都獲得成功，而巴菲特遵守的鐵律為「幾乎不賭注，一旦下賭注，就要賭大的；此外，不要經常賭注」。

我對他說的這句話印象深刻，並將其記錄下來，每當我內心動搖時，就會拿出來閱讀。我會反思：「我未來還能做幾次重大的賭注？若錯過了眼前的機會，我是否會後悔？」這使我能重新審視自己的內心。

高收益通常伴隨著高風險。正因為風險很大，回報也才會很高。因此，即使收益率較低，也要選擇能穩定賺錢的方法。我真心希望妳不要承受大筆的虧損，導致辛苦賺來的錢化為泡影、生活也被摧毀。

▶ ❹ 賺錢的機會就藏在生活中

假如妳想嘗試股票投資，卻不曉得該從何開始，那麼不妨先環顧妳的四周。令人意外的是，好的股票通常不在遙遠的地方。對此，有「華爾街傳奇」之稱的彼得‧林奇（Peter Lynch）曾說過：「只要你稍微留意，就可以在工作場所或社區商場中，比華爾街的投資專家們更早一步發現極好的股票。」

我有一位職場同事在 2015 年拜訪美國親戚時，試駕了他叔叔擁有的電動車特斯拉（Tesla Model S），因此變成特斯拉的狂

熱粉絲。他說這款車使用電力充電，沒有噪音，裝有跟 iPad 一樣大的顯示器，設計也非常時尚，還建議我們如果有機會去美國，一定要租來試駕。他從那時開始慢慢買進特斯拉的股票，並在 2020 年新冠疫情後、電動車開始普及時賣出股票，獲得了巨大的收益。

2014 年，我的某位專職投資者問我有沒有吃過「蜂蜜奶油薯片」，並送給我一包作為禮物。這款薯片當時非常難買到。他說這款薯片非常美味，味道又甜又鹹，吃一口就會驚豔不已。那位朋友也立刻調查了該薯片的製造公司並買進股票。

這款薯片是由海太製菓（Haitai Confectionery Co., Ltd.）出產，而海太製菓的母公司皇冠製菓（Crown Confectionery Co., Ltd.）在股票市場上市後，隨著口耳相傳，這款薯片的知名度越來越高，原本股價約莫 1 萬韓元，至 2015 年的夏季，股價已經飆升至接近 5 萬韓元。

蜂蜜奶油薯片很美味的傳聞以及難以購買的消息傳開後，需求量開始暴增，公司甚至還為了增加生產線而新建工廠，掀起了蜂蜜奶油薯片的熱潮。真的是一款薯片帶動了一家公司的成長。我的朋友雖然將大部分的股票在 2 萬韓元時賣掉，賣掉的時機有點過早，但這依然是一個非常成功的案例，證明生活中存在著潛力股。

對我來說，生活中的潛力股是「皮膚科」。老實說，在 40

歲之前，我對皮膚管理絲毫不感興趣。我天生膽小且保守，認為接受自己原有的肌膚狀態就好。然而，某一天我向朋友抱怨道：「我的皮膚好像開始鬆弛了。」她強烈建議我去皮膚科看看，還說我們這個年紀必須做好皮膚管理，才能在職場上表現得更好。我因此初次嘗試注射「肉毒桿菌」，看著自己明顯變化的臉，覺得非常神奇。

於是我開始搜尋與肉毒桿菌相關的公司。肉毒桿菌最早是由美國愛力根（Allergan）公司推出，隨後韓國公司也成功地將肉毒桿菌國產化，廣泛普及於中國和東南亞地區。美帝托克斯（Medy-Tox）正是其中的代表公司，其股價從 2012 年的 2 萬韓元起步，直至 2013 年達到 7 萬韓元，2015 年則上漲到 52 萬韓元。雖然南韓的分析師無法買賣個股，我只能關注，但偶爾也會幻想如果當初買了美帝托克斯（Medy-Tox）的股票，情況會變得如何。

從那時起，每當去皮膚科時，我都會仔細詢問醫師和護理師關於療程和雷射的資訊，甚至問到他們有點厭煩的程度。

擅長投資股票的人總是充滿好奇心。不管是去員工餐廳（hyundai green food，現代綠色餐廳）、喝啤酒（Jeju Beer Co，濟州啤酒）、打掃（EVERYBOT Inc.），還是玩《跑跑薑餅人》遊戲（Devsisters）時，他們都帶著好奇心，用閃閃發亮的雙眼來探索新事物。他們可以比一般人搶先一步掌握企業變遷和世界趨

勢並迅速應對。當然,最重要的是,他們能夠將這些趨勢轉化為股票或基金投資。能真正賺到錢的,不是那些說蜂蜜奶油薯片很美味的人,而是那些品嘗後買進其股票的人。

▶ ❺「便宜買好貨」永遠是最棒的投資

華倫・巴菲特每年給股東們發送的波克夏・海瑟威股東信函,是投資者的必讀經典。其中,在 1989 年的股東信函中所提及的「菸蒂策略」,至今仍廣為流傳。

> 「如果你以極低的價格買進股票,即使該行業長期表現慘澹,中間依然會出現一些機會以獲取不錯的收益。就像被丟棄在街上的菸蒂,看似已經毫無用處,卻還剩下最後一口氣。『低價買進』正是能將殘存最後一口氣的菸蒂變得有價值的策略。」

「低價買進」是一個非常主觀的概念。有人認為從高點下跌 50% 就算便宜,有人則根據股價淨值比(PBR)或本益比(PER)來估值。但最重要的是,倘若我們無法精準預測未來,那麼「逢低買進」絕對是正確答案。

有人可能會辯駁:「你有看過名牌折扣過嗎?昂貴的東西

只會越來越貴，所以應該養成買高價股票的習慣。」但這種策略不過是騎上奔馳中的快馬，順應趨勢罷了。即使是再優良的公司，也無法完全擺脫經濟繁榮和衰退的週期；反之，即使是再不起眼的公司，只要低價買進、高價賣出，也有可能成為好的投資。總結來說，低價買進好股票才能致富。

這就是所謂的「價值投資」。當然，價值投資並非萬能。傳奇投資者班傑明・葛拉漢（Benjamin Graham）曾經說過：「就像嬰兒被洗澡水沖走一般；在極端的情況下，安全邊際也毫無意義。」再便宜的東西都可能變得更便宜。然而，大部分能賺大錢的機會，通常來自於能夠區分價格和價值。讓我們持續努力以低價購買吧！懂得區分價格和價值，才是真正的本事。

▶ ❻ 市場下跌時不要逃跑，要滿心歡喜地迎接

在熊市維持了將近一年的某一天，我和一位從分析師轉型為全職投資者，並大獲成功的前輩一起喝咖啡。當時所有投資者都因為長時間市場行情不斷走低而感到疲憊，所以我連寒暄的內容都講得小心翼翼。然而，這位前輩說的話出乎我的意料之外：「昭娟，現在我開始心跳加速了。一年前，許多股票價格都太高，我根本不敢買，但現在這些公司的股價真的變得很便宜。想到現在都可以買下它們，我就滿心期待。」

　　我彷彿被狠狠打了一記後腦勺。一般人只有在市場好的時候才會關注股票，只有聽到股市看漲時，人們才急忙地搜尋相關股票；也只有聽說不動產上漲時，他們才考慮去看房。然而，一旦市場下跌，他們的熱情就立刻被澆熄並說道：「果然還是如此啊！」但是，真正的高手非常樂見市場下跌。因為在市場下跌時，可以用之前難以想像的低價購買到他們一直有在關注的股票。

　　愛因斯坦說過：「什麼叫瘋子，就是重複做同樣的事情還期待會出現不同的結果。」人們試盡各種方法，只為了致富。取出部分的薪水存下一大筆錢，也閱讀經濟報紙、蒐集各種情報。然而，只有少數的人真正成為富人。因為大多數人只有在價格上漲時才進行投資，總是等聽到別人大賺一筆的消息後，他們才願意再次進入股市。然而，那些能夠獲得巨大利潤的千載難逢之機會，往往隱身於市場下跌時。因此，富人並不害怕市場下跌，反而沉著冷靜地尋找價格下跌的好貨。

　　市場有「賣方市場」和「買方市場」之分。賣方市場是指買家眾多但供給有限，價格因而飆漲，有較大的風險會買貴。通常在股價大幅上漲並吸引大量投資者時，就會形成賣方市場。

　　另一方面，買方市場是指供應充足時，選擇權便跑到買家身上，價格因而下降。通常在股價大幅下跌、許多人因恐慌而

不願進入股市時，就會形成買方市場。在這種時期進場投資並獲得成功的人們，肯定都難以忘懷這種經歷。

　　與眾不同的思維方式帶來了良好的結果，而這種經驗能夠累積自信感，並轉化為資產。這些人在未來也會毫不猶豫地成為「逆向投資者」（contrarian），持有與常規完全相反的觀點。

　　在牛市中，富人會變得更富有，窮人則會變得更窮；然而，在熊市中，富人可能會變窮，窮人則能抓住機會致富。這正是為何市場下跌時，財富會被重新分配。那麼，不妨像愛因斯坦說的那樣，試著採取不同的行動吧！也就是當股價下跌、人們因恐懼而顫抖時，以低價來購買股票。**唯有願意買下恐懼的投資者，才有可能成為富人。**

▶ ❼ 長期投資不一定是正確答案

　　現在，全球排名第一的企業是蘋果（Apple），而南韓國內排名第一的企業則是三星電子。那麼，30 年前排名第一的企業在哪呢？跟 50 年前排名第一的企業一樣嗎？

　　根據 1900 年至 2020 年的美國標普 500 指數（S&P 500），市值排名第一的企業名單顯示：1900 年至 1918 年間，美國鋼鐵公司 US Steel 位居榜首；1920 年至 1930 年，由於通信技術的發展，AT&T 成為第一名；1931 年至 1938 年間，隨著電力時代的到來，

由愛迪生創立的奇異公司（General Electric Company）名列第一；1939 年至 1955 年，汽車普及化使得通用汽車（General Motors）變成第一名。接著，在 1956 年至 1964 年間，AT&T 再次位居榜首；1965 年開始，電腦和網路時代到來，IBM 一直維持第一名的位置直至 1992 年。到了 2000 年，微軟因為 Windows、PC 和網路革命而攀登上榜首；隨後，由於中國的崛起和化石燃料的興起，使得石油公司埃克森美孚（Exxon Mobil）在 2010 年前一直位居第一。

　　由此可見，沒有永遠排名第一的企業。從歷史上來看，即使是保持十年的第一名也不是件容易的事。投資中最重要的是讀懂世界的潮流，這些曾被認為是永遠第一名的企業，最終也會被超越、被擊敗。隨著世界的變遷，企業的命運也會改變。

　　因此，人們常說「投資第一名的股票並長期持有」是好的，但問題在於，沒有永遠的第一名企業。沒有人曉得現在位居第一的企業，能夠抵禦競爭對手的追擊和挑戰多久。這就是為什麼「長期投資不一定是正確答案」的原因。

　　最近非常流行「FAANG」（Facebook、Apple、Amazon、Netflix、Google）一詞，智慧型手機和大咖科技業者（Big Tech）的生態系統主導了整個產業。半導體和影視娛樂的股票大勢崛起，新興國家投資似乎已成了舊時代的話題。

　　未來又會變得如何呢？我們需要豎耳聆聽被譽為投資權威

的麥嘉華所說的話：「看看那些在 60 年代購買美國的成長股、
70 年代購買石油相關股票、80 年代購買日本股票，並且長期持
有那些股票的人們，現在都變得如何吧！不動產也是如此。看
看買了 14 世紀威尼斯和 16 世紀里斯本土地的人們，他們的結
果如何吧！」（他們全都投資失敗了。）

　　因此，我們應該為了讀懂世界變遷而努力。這才是將投資
引向勝利的關鍵。

〔不動產〕

租屋有許多變數，買房仍是好選擇

想必妳也很清楚，我並不是不動產專家。不過，我在 30 歲時買了自己的房子，現在住在大峙洞的公寓。這過程中經歷了許多波折，而我至今仍在進行不動產投資。不動產是非常重要的資產，每個人在使資產增值的路途中，至少都會遇過一次。因此，富人們對不動產市場的變動非常敏感，敏感程度不亞於股市。也許妳眼前沒有大筆資金，對不動產投資不那麼感興趣，但如果沒有先掌握一些基本知識，日後可能會後悔萬分。

因此，我根據自己投資不動產的相關經驗，整理了以下幾點想跟妳分享。

▷ ❶ 在投資前必須了解這些事

　　投資股票時，就算只有 1 萬韓元也可開始嘗試，但不動產不同；必須有一筆可觀的初始資金才能挑戰，因此投資不動產的門檻看起來非常高。然而去了解就會發現，不動產是非常具有吸引力的投資選擇。股票、基金這類的金融資產是只存在於帳戶中的虛擬數字，而不動產則是實體資產。特別是住宅，甚至還可以親自居住。此外，投資股票時，所有資金可能會瞬間不翼而飛，但不動產即使價格下跌也不會消失，而且基於土地的有限性質，當資金供應增加時，不動產價格通常會逐步上漲。在所有可投資的資產中，唯有土地是具有使用價值、能夠產生現金流且有限的。

　　此外，以住宅為例，住宅並非只有買賣的需求，還包含了租賃需求。即使房價下跌，但只要租賃需求增加、房租有上漲的趨勢，房東便可以提高租金收益，藉此回收投資金，這是一大優勢。

　　然而，不動產的缺點在於急需現金時不易變現。賣房子時，當然希望能盡快賣出，但假設市場狀況不佳，且沒有開出低於市場行情的價格，想快速賣出是很有難度的。而且，從簽約到支付尾款至少需要兩個月以上的時間。相比之下，股票可以隨時買賣。此外，不動產市場雖然具有投資市場的特性，但

畢竟不動產市場會隨著實際需求變動，因此其上升和下降速度會比股票慢。

如果妳下定決心要投資不動產，那麼有幾件事情必須事先了解。首先是交易成本，其次是持有成本，再來則是不同類型不動產的特性。

第一，由於不動產的交易成本相當高，因此應該謹慎面對。購買股票時，只要改變主意隨時都可以賣出，損失不大。股票的交易手續費幾乎為零；買進時不需要繳交證券交易稅，只有在賣出時才需要支付稅金，所以買賣股票的負擔並不大。

然而，買賣不動產則截然不同。以南韓的狀況為例，購買不動產時，需要經過一個名為「登記」的步驟，在政府管理的名冊中，向政府報告並註冊妳成為該房產的新法定所有者，而這個費用並不低。首先是取得稅，對於價格落在 6 億韓元以下的房屋，稅率約為 1.1%（包括農漁村特別稅和地方教育稅）。

舉個例子，在南韓購買一套價值 5 億韓元的 24 坪公寓，需立即支付約 550 萬韓元的稅金。取得稅純粹是登記所需的費用，即使將來把公寓賣掉也無法退還。此外，若是房價超過 6 億韓元的住宅，取得稅也會隨著房價的增加而上漲 1% 到 3% 的稅率。尤其是購買超過 9 億韓元的住宅時，至少需要支付 2700 萬韓元以上的取得稅。另外，還有些細部支出，例如需要支付 20 萬到 30 萬韓元的代書費，用於準備登記所需的文件和辦理

註冊。（編按：在台灣購屋時，也有一定的稅務及過戶登記費用，詳情可上財政部稅務入口網查詢。）

　　然而，問題並不止於此。購買不動產還需要支付所謂的「仲介費」給不動產經紀人。對於價格在 2 億韓元以下的房產，仲介費為 0.5%（最高限額 80 萬韓元）；價格在 9 億韓元以下的房產，仲介費為 0.4%；價格在 12 億韓元以下的房產，仲介費為 0.5%；價格在 15 億韓元以下的房產，仲介費為 0.6%。也就是說，購買一套價值 5 億韓元的公寓，需要馬上支付 550 萬韓元的取得稅和 200 萬韓元的仲介費。因此，請務必銘記在心：投資不動產時如果判斷失誤，將會有難以挽回的龐大損失，在簽約時必須謹慎，這一點跟金融資產有很大的不同。（編按：目前台灣的買方仲介費，約在 1% 或 2% 不等。）

　　第二，不動產需要支付持有成本。持有股票時，只要不是大股東，就不會產生特別需要繳交的稅金。藝術品和黃金也一樣。然而，只要你持有不動產，就需要支付財產稅。南韓政府每年會公布一次「公示地價」作為課稅標準，財產稅也是依此而定。舉例來說，首爾市蘆原區上溪洞 A 公寓 24 坪的成交價約為 8 億韓元左右，公示地價為 4 億 6600 萬韓元，需要支付約 59 萬韓元的持有稅；假如公示地價超過 12 億韓元，除財產稅之外，還需支付綜合不動產稅。因此，在投資不動產時，除了交易成本，還需記得連同取得稅、仲介費和持有稅都一併考

慮。（編按：在台灣，屋主每年也要繳納房屋稅及地價稅，詳情可上財政部稅務入口網查詢。）

　　第三，建議在投資不動產前，事先掌握不同類型的特性。不動產投資大致可分為土地、商場、住商混合大樓（Officetel，為 Office〔辦公室〕和 Hotel〔飯店〕的合併語，是南韓新興的建築類型）和一般住宅。

　　首先是土地，當出現土地開發機會時，地價有時甚至會暴增至購入價格的 100 倍以上。然而，由於土地開發往往需要 30 至 50 年以上，因此資金可能會長期被套住，甚至到子輩或孫輩；而當妳想賣的時候卻常常找不到買家，為此吃盡苦頭。千里馬得遇見伯樂，土地也得遇到合適的主人才行。

　　此外，林野（山）和田地（農地）的使用用途由國家嚴格規範，若單純想用來投資，最後可能會搞得狼狽不堪。例如買了農地卻沒有種植農作物，在出售後才發現，賺取的差額幾乎全被拿去扣稅了；因為相信不動產被許可開發而購買了，卻發現該土地被劃為綠化地帶（green belt），根本無法進行開發；用超划算的價格買到土地，還認為自己發橫財，卻發現這些土地是四周完全不臨道路的「盲地」，毫無用途。大部分待販售的土地都位於偏遠地區或鄉村，如果不了解周邊地理和情況，很容易被地產開發商等業者欺騙。

　　商場的情況則有些不同，大部分的商場位於我們經常去的

市中心附近，心理上較為安心，並且還能定期收到租金收入，跟投資土地相比，優點更多。然而，若找不到租戶導致商場空置，就會面臨死場風險。此外，租戶管理不易也是一大問題，明明買了一間位置極佳的金三角商場，結果經濟急速冷卻，進駐的餐飲店倒閉而產生空置；租戶積欠了 3 個月的房租，當妳去商店找人時，租戶卻抱怨生意不好而反過來向妳大發雷霆，甚至還發生激烈爭吵，這種狀況比比皆是。通常在進行商場投資時，會計劃借貸，然後用租戶支付的租金來償還貸款利息，但如果出現空置或租戶管理不善的情況，償還銀行貸款將變得困難，問題也會越滾越大。

投資商鋪的最大風險是「合併課稅」。假如商鋪投資得不錯，獲得了年租金收入 1500 萬韓元，那麼這部分收入將與妳在職場的工資收入（勞動所得）100% 合併課稅，而大幅提高妳的所得稅率級距。舉例來說，妳的年薪為 3500 萬韓元，對應的所得稅率大約是 15%；不過，一旦加上商鋪投資的 1500 萬韓元，稅率級距就會立即上升到 24%。在南韓，年收入在 1200 萬至 4600 萬韓元的所得稅率為 15%，而 4600 萬至 8800 萬韓元的所得稅率則為 24%。此外，隨著年收入的增加，所得稅率會呈現等比級數增加（所得超過 8800 萬韓元時，必須將收入的 1/3 拿去繳稅），因此對於上班族而言，想透過商鋪投資來賺錢並非易事。

因此，除非妳考慮到幾年後商場本身的價格會上漲，否則我不建議只為了租金收入而投資商場。

許多人在談論不動場投資時，會提到住商混合大樓（Officetel），因為跟土地或商場相比，住商混合大樓價格較低，可以用較少的資金進行投資，貸款起來相對較無負擔。此外，它既可當作住宅也可作為辦公室使用，很容易租出去。

然而，如果妳打算開始進行不動產投資，我不建議妳選擇住商混合大樓。因為住商混合大樓較容易取得開發許可、供應量較大，價格較不會大幅上漲。此外，住商混合大樓的專有面積較小，公設面積較大；以實際使用面積來比較時，住商混合大樓的管理費算是貴上許多。

當然，許多人之所以選擇投資住商混合大樓，是因為他們已經擁有了一套住宅。南韓的住商混合大樓不會跟住宅合併課稅，但是，如果將作為辦公用途的住商混合大樓做遷入登記，住商混合大樓就會被視為住宅用途而被合併課稅，且其取得稅甚至高達 4%（包括地方教育稅 0.4% 及農漁村特別稅則為4.6%）。如果購買價值約為 5 億韓元的住商混合大樓，光是取得稅就要支付 2000 萬韓元。

因此，若妳剛踏入不動產投資的領域，最適合的投資項目應該是住宅。南韓目前針對首次購房的社會新鮮人或新婚夫婦提供多種優惠政策，包含未婚青年特別補助、新婚夫婦特別補

助、首購族補助等等，就連貸款也有推出首購族房屋貸款、安樂窩貸款等低利率貸款，幫助民眾實現購屋夢想。

然而，南韓的未婚青年特別補助只適用於 19 至 39 歲的群體，政府考量到青年的資金有限而提供低利率的貸款。因此，不要每天盯著江南的公寓，嘆氣說這輩子無望了，也不要因為資金不足而放棄。勤奮地儲蓄吧！一旦超過 40 歲就無法享受這些優惠了。如果妳還沒有購屋儲蓄帳戶，希望妳能早日起步；就算還沒開始儲蓄，也可以勤勞地四處走走、參觀不同區域的房子，選擇自己未來想居住的地方。在挑選第一間自住房屋的過程中，也能同步累積不動產投資的經驗。（編按：台灣政府亦於 2023 年推出「新青年安心成家貸款」，利率較一般房貸低，針對購屋當事人及其配偶、未成年子女等，只要家庭成員名下目前沒有自用住宅，年齡滿 18 歲以上，就符合新青安申請條件。單身也可以申請，不一定要是「第一次買房」才能使用。因此，除了生平第一次購屋的民眾，還有以前有房屋但已出售或轉讓者，都可以申辦，相關訊息可上網查詢。）

自住房產兼具投資價值和使用價值，可以達到一石二鳥的效果。若在居住的同時房價還上漲，那就再好不過了。成功投資買下第一套房也住得安穩後，再轉向投資商場或住商混合大樓，這就是不動產投資的標準套路。

如前所述，投資不動產的「學費」太高，一旦失敗就難以

挽回。因此，為了能做出最棒的選擇，多看、多經歷吧！這麼一來，有朝一日一定會遇到一間向妳招手、求妳買下它的房子。

▶ ❷ 如果妳已年過 30，建議獨立生活

　　妳想要幾歲開始獨立生活呢？我在結婚之前曾經想要嘗試一段時間的獨居生活，搜尋了許多相關資料後，發現獨立生活的花費很驚人，於是便作罷。但當我年紀漸長，結了婚後才發現，當年是我唯一可以嘗試獨居的機會。當時就算經濟較為緊縮，也應該試著獨立看看的……我為此感到很惋惜。

　　獨立生活最大的好處是能在法律上與父母分離，用自己的名義申請南韓住宅認購抽籤。成年後若持續與父母同住，法律上會將妳列為家庭成員，除非情況特殊，否則幾乎不可能抽中住宅認購。目前在南韓，住宅認購抽籤的第一優先條件是名下沒有房屋和其他家庭成員。因此，若經濟條件允許，為了能增加住宅認購中獎率，可以認真考慮獨立生活這個選項。

　　依照南韓的規定，只有在有能力管理和維持自有住宅的情況下，才被承認為獨立戶。不過，一旦超過 30 歲，無論所得多寡、是否結婚，均可與家庭分離。在計算住宅認購抽籤分數時，名下無房子的期間是從妳滿 30 歲時開始算。所以，一旦年滿 30 歲，就應該嚴正地考慮獨立生活了。

首先，妳應該申請南韓的青年優惠存摺。這是政府為了獨立戶或正在籌備成為獨立戶的青年，所提供的優惠利率和免稅優惠的帳戶制度。在 5000 萬韓元的限額內，加入兩年後可以享最高 3.6% 的利率，利息所得 500 萬韓元以下者無須繳稅。雖然此計劃目前已結束，但青年優惠是必要的政策，想必一定會以其他形式繼續存在。

青年優惠存摺的具體條件如下：青年優惠存摺每月可以自由存入 2 萬至 50 萬韓元的金額，存款本金可享受優惠利率，最高 5000 萬韓元。原本有加入南韓住宅認購存摺者，也可以轉換為青年優惠存摺，但必須是名下沒有房子的獨立戶。只要符合條件，早日申請是很不錯的選擇。

即使沒有申請青年優惠存摺，只有住宅認購存摺，在年末結算時也能享有很大的優惠。全年薪資收入總額低於 7000 萬韓元、名下無房子的獨立戶，每年最多可享 40% 的免稅額，限額為 240 萬韓元。舉例來說，妳的年薪為 3500 萬韓元，並在住宅認購存摺中存入 240 萬韓元，那麼就可以將「240 萬韓元的40%，即 96 萬韓元」從妳的年薪中扣除後再來計算稅額。如果妳的所得稅率是 15%，那麼年末結算後便可以收到「96 萬韓元的 15%，即 14 萬 4 千韓元」的退稅金。

當然，一旦獨立生活，過去我和妳爸爸負擔的公寓管理費、水費、天然氣費、電費，甚至連居住稅都得由妳來繳納，

再加上每個月的伙食費和其他生活費，這可能會讓妳暈頭轉向。妳阿姨在大學時曾經獨自生活兩年，每次回家都帶著 Spam 午餐肉罐頭、3 分鐘微波咖哩和即食白飯等各種小菜，後來還嫌買垃圾袋很浪費錢。

有人曾說過：「想證明自己的品味就需要金錢。」這話說得沒錯。這世界上並不存在「只有」美好和優雅的獨立生活。因此，一旦決定要獨居，不管妳是否情願，都必須仔細估算初始成本和每月固定支出。

獨立生活比妳想像中還困難，一開始可能會因為不用再被人嘮叨而感到很開心，但每天準備三餐、洗衣服、洗碗、打掃，以及修理壞掉的東西等，生活中的每一個細節都會變成妳的責任。有位後輩曾說過：「獨立後享受到的自由只能維持短暫的一兩天，下班回家後想趕快吃飽飯休息，卻沒有人幫你準備晚餐，只能自己動手，這就是獨立的代價。」雖然沒有人干涉妳的生活，但也沒有人幫妳洗衣服、煮飯和洗碗，這就是「獨立」。

即使如此，只要妳決心獨立，我就會全然支持妳。不過，希望在妳負擔得起的預算範圍中，能夠選擇最好的房子。若要找最好的房子，租金不就會變貴嗎？錢都不夠用了，怎麼還給這種建議？**對於自己所居住的地方，希望妳無論如何都不要輕易妥協，因為住處是妳一切生活的起點。**

如果想找公司附近的房子，房租就會變得更昂貴；但居住地離工作地點越靠近，生活品質也能相對提高。辦公大樓林立區域附近的房價之所以昂貴，其原因就在這裡。也許開了這個條件後，妳會找不到適合的房子而延後獨立生活的時機，但一定要避免住家和公司的距離太遠。妳可能會認為「現在最重要的是節省開支，搭乘大眾運輸交通往返公司和家裡，就算單程要花 1 小時、來回共 2 小時，反正可以看 YouTube 打發時間，這不算什麼」，但實際上，這就跟妳把自己身上寶貴的時間資源丟在地上踐踏沒兩樣。

假設每天 2 小時，一年工作 250 天，一年總共就是 500 個小時。就算房租貴了一些，但住在離公司近的地方，每年節省下來的 500 小時可以用來運動、學英語，甚至還可以多睡一點。

在公司附近找到一個不錯的住處，將帶給妳龐大的滿足感，這種滿足感會轉化為精神上的充實，激發妳想更加進步的動力。然而，如果妳因工作而筋疲力盡，回到家時又對居住環境不甚滿意，生活的「不滿指數」就會攀升，甚至讓妳深陷自卑之中。因此，居住成本的支出應被視為一種投資，而非單純的開支。我如此強調「即使房租高，妳也應該找到一個最好的住處」的原因就在於此。

此外，當妳在想居住的地區擁有一間房子時，還有一個附加效果：開始關心該地區的不動產。我在 29 歲時和妳爸爸結婚

後，第一個房子選在上巖洞旁的城山洞。當時的上巖洞還在開發，到處都是工地，塵土飛揚，周邊的基礎設施也不太好，但妳爸爸的公司不久後即將搬到那個區域，於是我們便去看屋。結果發現，有間距離公司步行 10 分鐘的公寓狀況不錯，價格也比當時租的地區便宜許多。還有，我們預測只要再忍耐一陣子，未來這邊會被大舉開發，於是便毅然決然地貸款買下了這間公寓。就像這樣，妳可以多去中意的區域走走繞繞，自然而然地就能培養出判斷好房源的眼光。

　　通常在度過職場生活 3 至 5 年左右，就會產生想獨自生活的念頭。2023 年，坪數 10 坪的住商混合大樓平均價格為首爾 2 億、京畿道 1 億、仁川 8300 萬韓元；20 坪大小的住商混合大樓平均價格為首爾 2.5 億、京畿道和仁川約為 1.7 億韓元。若再多花些時間四處看房，就會驚喜地發現有不少非大型的住商混合大樓，其實周邊環境並不差，單純因為尚未進一步開發、重建而售價低廉。如果覺得房租實在太貴負擔不起或覺得不划算，不妨考慮善用南韓政府推出的青年支撐木全稅金貸款 * 制度。該貸款制度針對 34 歲以下、名下無房子的戶主（夫妻年收入合計 5000 萬韓元以下，淨資產價值不超過 3.61 億韓元），提供最

---

* 由於南韓租屋有「全稅押金」制度，所以政府有推出支援青年支付全稅押金的貸款方案。

高 2 億韓元的貸款，年利率為 1.5% 至 2.1%。

因此，無論妳結婚與否，倘若妳已經年過 30，希望妳能考慮並規劃獨立自主的生活。越是年輕，能從政府方獲得的福利越多。只要善用這些福利，不僅可以從房子開始實現真正的獨立，還能重生為自己人生真正的主人。（編按：台灣亦是差不多情況，越年輕能享受的優惠越多。）

▶ ❸ 住是必需財，投資可以不做但建議買房

傳統上，對韓國人而言，買房子意味著「擁有自己的家」。一旦擁有了房子，就會感到自豪和安心，而且也不用在每年房子租約到期時，跟房東因為各種雜事而爭得臉紅氣喘。買房後，再也不用經歷搬家的傷感，這讓我非常喜悅。

正因如此，人們常常分享：當擁有自己的家之後，過去一路上因著房子而面臨的重重困難，會如同跑馬燈般閃過腦中、眼淚也撲簌簌地流下。對於那些認為「年紀到了就該結婚生子」的人們來說，「擁有自己的家」始終是人生中至高無上、最重要的任務。

從這方面來看，我真的是一個幸運兒。結婚後，我和丈夫只租了一年的房子。雖然中間發生了些小插曲，但我從很早之前就開始四處看房，希望能早日擁有自己的房子。在我 30 歲的

那一年，我們終於買下了自己的房子。在那之後的 15 年裡，我親眼目睹了南韓的房地產，特別是公寓價格如何急劇上升。因此，每當我想到「倘若當時沒有買房，現在會是什麼情況？」心裡就會涼颼颼的。

不久前，我與一位朋友聊天時聽到了令人惋惜的故事。一位不久前剛滿 43 歲的未婚女性，去年終於買了房子。在 20 歲後期，她心想「等未來結婚後再和丈夫一起齊力買房就好」，所以沒有關注房市；而在她 30 多歲時，她又擔心買公寓或小房子，結婚後會因為名下房產的數量規定而徒增麻煩，因此她當時也沒有買房；直到她 40 多歲，既沒有結婚也沒有買房，只有年紀變大。為此感到很焦慮的她，決定拿出所有的積蓄加上貸款買了間房子。然而，那間公寓的房價卻暴跌，比高點時還少了 4 億。更大的問題在於，她已沒有現金，為了承擔持續上漲的利息成本，她得縮衣節食來度日。

事實上，許多單身女性都有類似的問題。她們認為買房是「結婚後的課題」而一再推遲，結果在周圍人們的催促之下買了房子，事後卻發現這是一個錯誤的投資決定。

很多人都主張「若想成為有錢人，就要關注房市」，但我的看法有些不同。實際上，如果我的房子增值，隔壁的房子也會升值，並不會因為居住的房子增值，就代表自己變得很富有。我分享過，我和妳爸爸某次看房時曾被拒之門外，這說明

了不動產實際上關乎的是生存問題。

房子是衣食住行的一部分，是「必需財」。因此，我認為買房是必備的選項。奢侈品可以沒有，股票投資也可以不做，但住房問題絕不能輕忽。每個人都需要一個下班後的安歇之處。當妳擁有自己的房子時，就等於解決了衣食住行中的一環，妳會因此感到自豪和安心。然而，如果沒有屬於自己的房子，就只能搭配房東的情況四處搬家，肯定會非常不安。正因如此，有殼蝸牛和無殼蝸牛對生活的態度和觀點截然不同。

我希望妳不要急著用「投資」的角度來思考不動產，而是優先從「擁有自己的家」這個角度來看待。關於買房子這件事，需要儘早開始研究，也要提前擬定計劃。

關於買房計劃，我有幾點建議如下：

（1）雖然抽中公宅很難，但還是要開設儲蓄帳戶

當不動產市場下跌時，這個儲蓄帳戶的優勢不大，因為人們可以透過拍賣獲得房產，也可以直接購買市場上喜歡的房源，這些方法都很節省時間和費用。因此，解約「南韓住宅認購綜合儲蓄帳戶」的人數會增加，新開設帳戶的人數則會減少。然而，房市越衰弱，抽公宅的中獎率就越高，是個適合購買自住房的好時機。不動產市場與股票市場一樣，處於熊市時，更能以低價買到好物件。此外，越早制定好計劃，越能

享受如單身青年特別補助等政府提供的福利。（編按：台灣也
有所謂的國民住宅及社會住宅，兩者皆是由政府規劃興建的住
宅，差別在於國宅是可出售型的住宅，社宅則是只租不賣。但
由於後來國宅供過於求，空屋率高，目前已停止興建，並將政
策改為「出租為主，出售為輔」，因此目前以社會住宅較多。
各縣市申請條件略有不同，讀者可自行上網查詢。）

（2）用來投資和居住的房產盡量結合在一起

因資金不足、心急而選擇投資不熟悉的地區是大忌。若選
擇投資在不熟悉的區域，將難以進行租客管理；若不了解周邊
的地理環境或開發消息，直到找到合適的買家之前，資金都會
被長期套牢。即使該區域很優質，如果必須將資金套牢 10 年，
就代表在妳人生的黃金期中無法繼續錢滾錢，只能將那一大筆
資金留在原地腐化，這將會造成龐大的損失。

因此，建議妳首次進行不動產投資時，要將居住地結合在
一起。假如實在難以做到，也要選擇交易活躍、需求大的地區
來投資，以便隨時變現。

若以這個層面來思考，無論是租屋還是購屋，首次定居
的區域至關重要。對於妳想居住、購買的房產區域，先不論是
要用租的還是買的，也不論該物件是公寓、住商混合大樓還是
別墅，總之，都先住進去再說。親自居住其中的過程中，會讓

妳培養出識別好物件的眼光，掌握該地區的特色、道路情況和開發消息，還能養成對市場行情的敏銳度。出門散步時，可以順便拜訪附近的不動產仲介詢問房市氣氛，也可以去參觀預售屋。這麼一來，妳將會體驗到「知識就是力量」的威力。

（3）想買什麼樣的房子，要先想好

不動產也是一種市場，有上漲期和下跌期。在上漲期，妳會因為中意的物件價格不斷上漲而心急，最終選擇在條件不優渥的情況下倉促簽約；而在下跌期，妳可能會因為房價持續下跌而對不動產失去興趣。然而，不動產是用來居住的必需財，跟生存權緊密結合，絕對不要忘記這一點。提前思考清楚理想的地區、坪數和價格範圍，這樣當合適的房源出現時，妳才能毫不猶豫地做出決定。

（4）只想找完美的房子，容易錯失機會

然而，滿足上述全部條件的投資地點有限，且這些公寓通常價格高昂、難以入手。此時，就算妳設定的三大條件中只有兩項符合，也需要具備慧眼選出想住的房子。不要只顧著選未來會增值的房子、一味地想以低價購買，最終卻錯失了購房的大好機會。

　　假設妳選擇了合乎心意的房子並入住，想必妳一定會感到心滿意足；即便房價下跌，妳也可以繼續住在那裡，沒有人能要求妳搬走，妳就是這間房子的主人。所以，無論如何，**妳貸款的額度絕對不要超乎所能承擔的範圍，被金錢束縛住**。當妳成為屋主，妳將能立刻感受到房子帶給妳的安全感有多龐大。因此，絕對不要一再推遲購屋計劃。

Chapter 6

關於工作及人生，
這些原則不能忘

〔職場菜鳥〕

至少得在公司撐一年的原因

　　雖然那是 20 年前的事了，記憶依稀模糊，但我也曾有過職場菜鳥時期。2002 年，當時在證券業界工作的女性非常稀少。因此，當我以公開招聘的管道入職時，這件事成了公司內的熱門話題。甚至我一開始被分配到總部的部門時，人們還蜂擁而至來「圍觀」。起初，我有點沾沾自喜，覺得自己在證券業威風凜凜地踏出了第一步，接下來只要展現我的能力就行了，心情雀躍不已。

　　然而不幸的是，入職的前兩年，我四處碰壁。按照慣例，所有新進員工都必須先在營業部實習，累積接待客戶的現場經驗，而我被分配到明洞分行。實習的 3 個月期間，我學會了接

電話、寫票據和下訂單，度過了一段愉快的時光。但問題從實習結束後開始爆發。引頸期盼的發薪日到來，我發現入帳的金額竟然不及上個月薪水的一半，我慌張不已，卻不知該向誰詢問，心中焦急萬分。那時，分行經理叫我去他的辦公室，我忐忑不安地去了，結果得知了一個令人震驚的事實。營業部員工有按照職級分配業績目標，但我連目標的一半都沒達到，所以沒拿到任何績效獎金。實習期間即使沒有達成目標也會發基本績效獎金，但 3 個月過後就再也沒有這種保護措施了。

面對不知所措的我，經理遞給我一個白色信封袋，裡面裝著 30 萬韓元（約新台幣 6800 元），當時這算是一筆鉅款。經理對我說：「昭娟啊，對於業務員而言，數字就代表人格。努力達到最低業績標準吧！」

我已經忘記自己是如何離開辦公室，只記得我收到信封後便跑進洗手間，哭了將近兩個小時，哭到眼睛都腫了。我雖然拿到了大學文憑，但實際上踏入社會後卻發現自己什麼都不會，感到無比挫敗而哭得很傷心。我之所以哭泣，一方面是對於不懂事、亂胡鬧的自己感到羞愧；另一方面，我一心懷抱著化身職場女強人的美好幻想，卻被冷酷的現實打擊而感到驚慌。那是我第一次體驗到出社會的辛酸血淚。

公司聘請員工是為了擴展業務以賺錢，而員工則承諾會為了達成公司目標而努力，雙方的契約關係因此成立。而薪水就

是這種契約關係的報酬。然而，我之前只顧著讀書，對於公司
對自己的期望、證券業的運作方式以及客戶的需求一無所知。

　　這件事促使我下定決心。我把分行經理給我的 30 萬韓元信
封拿出來看，對自己喊話：即使不能成為超級出色的證券員，
至少也要達到基本標準。於是，我開始整理休眠帳戶的客戶名
單，逐一打電話聯絡，建議客戶將虧損嚴重的股票替換成優質
股票，並在持股變動時及時向客戶彙報，逐漸累積出客戶對我
的信任。3 個月後，我開始拿到正常的績效獎金；一年半後，
我被調回總部。當時那段經歷和從中學到的教訓，至今依舊刻
骨銘心。

▶ 不懂就要問

　　身為一個新進員工，妳接到一項任務需要在下週一之前完
成。此時妳回答「好的，我知道了」，但當妳真正開始執行時，
卻完全摸不著頭緒。這時，妳會怎麼做？是打算努力獨自完
成，還是先確認有哪些地方不懂，接著表示「我不太懂這個部
分，請您教導我」，如此向前輩請教呢？以前輩的立場來看，
他們肯定更喜歡願意請教自己的後輩，因為打算靠自己的努力
來完成的新進員工，通常無法在期限內完成任務，抑或做出來
的成果往往不如預期。

　　遇到不懂的事而感到羞愧，這是人之常情。而且，妳可能會擔心前輩很忙而躊躇不前，不曉得是否應該請教那些問題。但比起生出不合需求的結果，稍微打擾一下前輩絕對是更好的做法。

　　而且，想必在這個世界上，沒有人會討厭勇於請教問題的妳。每個人都希望感受到優越感，因此會樂於分享自己的知識和 know-how。此外，透過彼此教學相長，人際關係也會有所發展。原本不熟悉的一群人，當他們共同合作完成一項任務後，也會突然變得非常親近。

　　最重要的是，妳必須想方設法做好被交付的業務。所以，遇到不懂的事情，不要猶豫不決，盡快請教他人吧！所謂「三人行，必有我師焉」，意思是「與三個人同行，其中必有人可以成為自己的導師」。放膽詢問吧！妳將會遇到值得依靠和信任的貴人。

▶ 不要害怕犯錯或失敗

　　人非聖賢，誰能無過。我也經常在犯錯後下定決心不要再犯，卻又屢屢自打嘴巴，也許未來依舊會重複上演這種戲碼。

　　在我犯過的無數錯誤中，最讓我感到後悔的並不是犯錯或失敗本身，而是情況讓我太過煎熬而選擇逃避錯誤。問題爆發

後，因感到痛苦而放手不管的過程當中，犯錯和失敗帶來的影響會擴大到難以收拾的局面，最終變成巨大的怪物吞噬掉動彈不得的自己。逃避錯誤所付出的代價太龐大了。

亞馬遜創始人傑夫·貝佐斯曾說過，當有難以解決的情況爆發時，他會立刻先打電話。電話內容和通話對象並不重要，重要的是打電話這個行為讓他感覺自己有在處理問題而非逃避，從而找回心理上的安定感。

現在的我也是如此，每當遇到糟糕的情況或犯錯時，我不再選擇逃避，而是會立即採取行動。無論是道歉還是找人聊聊，只要有在為了收拾局面而努力，至少可以從自責和自卑的枷鎖中脫離出來，跌到谷底的自尊心也會慢慢恢復，讓自己產生面對錯誤的勇氣。

我希望妳在犯錯時，至少不要選擇逃避。幸運的是，職場文化中通常都會賦予新手「特權」。大家認為新手犯錯是正常的，許多失誤都可以睜一隻眼閉一隻眼。就像貼上「新手駕駛」的標誌後，其他駕駛都願意理解並包容。因此，不要因為害怕犯錯或失敗，變成什麼都不做的膽小鬼，而是盡情享受「新手的特權」吧！**妳在新手時期需要做的不是避免犯錯，而是透過各種經驗快速累積自己的業務技能和 know-how。**

▶ 至少堅持一年

　　每當看到進公司不到一年就離職的新員工，我總是感到很惋惜。就像交朋友時，至少要相處一年才會了解對方。起初大家都會小心翼翼，試著展現自己最好的模樣，但過了一年四季、經歷許多事情後，彼此一定會露出真實的面貌。剛開始只覺得對方很帥氣、漂亮，後來漸漸看見對方的缺點，雖然會感到失望，但也會因此發現過去不曾看見的新面貌。因此，如果相處一年四季，就能真正了解對方的真面目。房子也是一樣，要經歷溫暖的春天、炎熱的夏天、涼爽的秋天和寒冷的冬天後，才能看清楚房子的真實狀態。

　　職場上也是如此。在公司待滿一年，這本身具有非常重大的意義。大部分的韓國企業會在 12 月結算，通常 1 月到 9 月的業務排程相對穩定，但到了年底就會變得特別忙碌。制定明年的計劃、重組部門、結算當年度業績、進行人事考核後制定績效獎金，這些都集中在年底進行。經歷這一連串的過程後，將可以了解公司的願景、公司重視的事項以及公司的內部文化。

　　此外，新進職員入職的第一年，通常著重在熟悉基本業務技能和知識，學習與共事的人們應對進退的方法和禮儀。因此，即使之後妳轉職了，但在一間公司待滿一年就代表妳已掌握一定程度的職場基本功。無論公司有多麼不合心意，還是希

望妳至少能堅持一年。

　　仔細回想，在我剛入行的時候，曾經遇過一些讓我十分困擾的情況。有位客戶告訴我，他可以讓我隨意操作他的帳戶，但條件是要我當他的女朋友，這讓我在晚餐時哭著跑了出去；還有某企業的會長曾對我說，他的兒子成績不好，希望有像我這樣聰明的人去當他的兒媳婦，並且多次找我去跟他兒子相親。剛出社會的我，經歷這些事情時真的很辛苦。我深感迷茫，心想「我又不是為了做這些事情才進公司的……」。但回頭看，這些事情都算不了什麼。

　　妳在公司裡學習工作的基本功和應有的職場態度，還可以領薪水，不需要花錢就可以學到東西，甚至還能領到錢。不要輕易放棄這種大好機會。初入職場的日子不會重來，妳如何度過新手時期，將會對未來產生超乎想像的龐大影響。畢竟，沒有公司會願意錯過擁有紮實基本功的人才。

〔工作技巧〕

找機會刻意練習，直到學會為止

數學對許多女孩而言是困難的科目，妳也不例外。妳上高中的時候，最困難的科目就是數學。有一次考試，妳只拿到一半的分數，哭喪著臉回家。還記得那時候我對妳說了什麼嗎？

「若想成為專家，大約需要一萬個小時。無論再怎麼辛苦，都要持之以恆去做。」

妳聽完後抱怨：「媽媽，妳為什麼要說這種多餘的話？這等於是要犧牲其他科目的讀書時間，數學才能變好啊！」

我充分理解妳的心情，當時的妳急需的是能迅速提高數學成績的祕訣。但是，若想真正擅長某件事，首先一定要投入時間和努力。

　　世界上的知識和經驗往往不是零散的，它們具有一定的規律和系統。為了掌握這些規律和系統，絕對需要投入一定程度的時間和努力，不能忽視這些定量的需求。即使過程枯燥乏味，但當妳達到這個定量需求的時候，妳可能會突然開竅，獲得洞察整個領域的智慧，這就是古希臘哲學家阿基米德所說的「尤里卡時刻」。

　　因此，為了擁有融會貫通的實力和洞察力，在質與量兩方面需要投入超乎想像的許多時間。不過，人們往往只會稍微嘗試，遇到瓶頸就放棄了，覺得自己沒天賦，繼續下去只會浪費時間，什麼也得不到。這樣重複幾次後，甚至不再願意嘗試任何事情。

　　然而，這種想法是錯誤的。心理學家安德斯・艾瑞克森（Anders Ericsson）將柏林音樂學院學習小提琴的學生分成三組：未來可能成為世界級演奏家的最優秀組、被評為「相當不錯」的優良組，以及從未進行過專業演奏，夢想成為公立學校音樂教師的普通組。但令人驚訝的是，調查結果顯示，這三組之間的天賦差異並不大，唯一的區別只有一個，那就是練習時間。

　　所有學生都在 5 歲左右開始學習小提琴，到 20 歲為止，最優秀組的學生，其練習時間達到了 1 萬個小時，優良組練習了8000 小時，而普通組只練習了 4000 小時。最優秀組的學生比普通組多練習了 6000 小時。更震驚的是，沒有一位學生是因為天

賦異稟而進入最優秀組。艾瑞克森因此主張，無論你是天才與否，若想在某個領域達到頂尖水準，至少需要一萬小時的練習時間。

　　我雖然畢業於首爾大學，但與天才或英才根本擦不上邊。然而，我常常被人誤以為從小就是考全校第一或第二名長大的、天生就是讀書的料、天資聰穎等等。事實上，我國中的成績大約落在排名第五的位置。有些考試考得很好，有些則考得一塌糊塗，不算是不會讀書，但絕對不是那種在學校裡因成績而備受矚目的學生。

　　小學三年級的時候，曾經發生過一件事。當時是四月，學期剛開始不久，我在家裡做老師出的作業，發現難度很高。我獨自絞盡腦汁了許久，實在解不出來，只好去問媽媽，但連媽媽也不會。於是隔天我忐忑不安地去上學，那是我第一次沒有把作業完成。我坐立難安地詢問旁邊的死黨：「妳寫昨天那個作業了嗎？也太難了吧……」但我的死黨卻自信滿滿地說她寫完了。我大吃一驚，詢問怎麼做到的，她說是看《全科》做的。「《全科》是什麼？」我一提出這個問題，死黨比我更驚訝地回答：「妳怎麼可能不知道《全科》？」

　　後來我才曉得，原來其他朋友們早在學期初就買了《全科》（現在稱作參考書），然後看著那個來做作業。我一放學回家就向媽媽大發牢騷，為什麼她不知道《全科》是什麼？於是

媽媽便帶我去學校前的文具店。

但到了文具店發現，最受歡迎的《東亞全科》已經賣完了，只剩下比較不受歡迎的《標準前科》。無奈之下，我們只好買了那本回家。我非常難過，為什麼我的家人不像其他同學的家人那樣關心我，連其他朋友都有的《全科》也不買給我。我還記得有幾次因為沒有準備好隔天要用的科學實驗材料包，結果被老師罵。

當時我對父母充滿埋怨，現在回想起來，是父母太忙碌了。我們家有一男三女共四個孩子，其中還有一個剛戒尿布的兩歲小弟弟。媽媽根本沒時間幫我買《全科》，爸爸也為了養活我們家六口，從早到晚都在公司工作，忙得不可開交。

正因如此，我從小就得獨自決定和處理一切與讀書相關的事情。由於家境並不寬裕，我連想去補習班都得小心翼翼地看家人的眼色。高中時，我只在大型的單科補習班補習一兩個科目，每個科目的學費是 3 萬 3 千韓元，然後在自習室學習 EBS的線上課程。

然而，原本不管再怎麼努力成績都沒有進步的我，突然在高二時成績突飛猛進。從那之後，我從未跌出全校前十名。現在回顧起來，當時我似乎就是迎來了「尤里卡時刻」，如同解開整份拼圖的規律。如果每天學習 5 小時，一個月是 150 個小時，一年就是 1800 個小時，5 到 6 年則可以達到 1 萬個小時。

以我的情況為例，我恰巧是在填滿 1 萬個小時之後，開始看出全面的學習地圖。從那以後，我再也不曾為了讀書感到困擾。

　　這種情況不僅發生在我當學生時，後來我於 2002 年進入證券公司時也是如此。當時的我對股票一無所知，因此工作時只能呈現丟臉的水準。進入研究中心後，我連 Excel 都不會使用，有位前輩還看著我嘆氣說道：「不是啊！難道連這些東西都要一一地教嗎？」甚至還有人說：「昭娟，妳到底會什麼呀？」這樣的批評聽到耳朵都長繭了。每當遇到這種情況，自卑感都會油然而生，但也同時讓我想起過往的經歷。

▶ 越不熟悉，越要刻意練習

　　南韓有句俗諺是「沒有砍了十次還砍不倒的樹木」。就算真的砍了十次都砍不倒，那就再砍第十一次、第十二次。「若行不通，就繼續嘗試直到行得通」，當妳堅持這種精神，即使遲了一些，妳也將會看見可行的方法。若在質與量兩方面都投入更多的時間，妳將能逐漸拼出整份拼圖。大約這樣工作了 10 年後，我開始逐漸理解經濟和金融市場的全面狀況，能夠預測各種熱門話題和現象會對價格帶來何種影響。

　　1 萬個小時是一個龐大的時間量，假如一天也不漏地、每天練習 3 小時，總共需要投資 10 年才能達到；當然，如果每天

練習 5 小時，就可以縮短到 5 至 6 年。但最關鍵的真相在於：若沒有付出這種程度的努力，是絕對無法成功的。《異數》（*Outliers*）的作者麥爾坎·葛拉威爾（Malcolm Gladwell）稱那些超越普通人的界限而獲得成功者為「異數」。他認為成為異數的首要條件並非天才般的天賦，而是所謂的「1 萬小時法則」，也就是「不懈的努力」。我並非與生俱來的天才，像我這樣的門外漢之所以能在證券業安身立命，也許正是因為我沒有放棄，不斷地砍樹十次、十一次、十二次的成果吧。

　　然而，對於剛開始嘗試某件事的人而言，「1 萬個小時」是難以想像的時間量。感覺遙不可及，連開始的勇氣都沒有。也許妳也這樣想吧？都全神貫注、傾注全力去做了，結果卻不理想，這時妳可能會懷疑「我還要繼續做這件事嗎？」、「努力也沒有成效，我是不是在白費力氣？」回溯過往，我也曾經崩潰過，也曾經因為太過辛苦而想逃避。

　　每當這種時候，我都會想起村上春樹《舞·舞·舞》一書中羊男說過的話，並從中獲得安慰：「只要音樂還響著的時候，總之就繼續跳舞啊。我說的話你懂嗎？跳舞啊。持續跳舞啊。不可以想為什麼要跳什麼舞。不可以去想什麼意義。什麼意義是本來就沒有的。一開始去想這種事情時腳步就會停下來。一旦腳步停下來，我就什麼都幫不上忙了。你的聯繫會消失掉。永遠消失掉噢。（中略）所以腳不能停。好好地踏著步子繼續

跳舞。這樣子讓那已經僵化的東西逐漸一點一點地放鬆下來。應該還有一些東西還不太遲。能用的東西要全部用上噢。要全力以赴噢。沒有什麼可怕的事。你確實是累了。疲倦、害怕。任何人都會有這樣的時候。」

　　所以，我也想告訴妳，即使看不到未來，也要先跳舞。這樣一直跳下去，總有一天妳的步伐會變得順暢。那時，妳一定能跳出一支美妙的舞蹈。

〔人際關係〕

不隨便待人，維持基本禮貌

失去了唯一的家人奶奶，突然淪為孤兒的櫻井美影，陷入了深深的失落之中。能安慰她的只剩下冰箱。她無法忍受家中無人居住的寂靜。不過，每當聽到冰箱「嗡嗡」運轉的聲音時，多少獲得了一些心靈的平靜。因此，她每天都在廚房聽著冰箱的聲音入眠。

這是吉本芭娜娜的小說《廚房》中的一個場景。我在 20 多歲時讀到這段，淚流滿面。因為那段時期我也突然失去了媽媽，感到非常痛苦和孤獨。心情的煎熬使我沒有餘力去關心周圍的人，經常以自己的情緒優先，無法顧慮他人的感受。回想起來，其實很多事情不值得那麼生氣，但我還是經常大發雷霆。

　　然而，當時我並沒有意識到這一點，直到我失去了從高中開始就很要好的好友。她在醫院工作，常常提供優惠給認識的朋友們，我也從中獲得了不少福利。可是有一次，我介紹了公司的同事去那家醫院，結果出了狀況。我朋友從醫院離職後，我的同事便要求她退費，我夾在中間非常尷尬。朋友在離職前，心中肯定有許多糾結，但當時的我並未察覺到，只顧著埋怨讓我陷入窘境的朋友，急於發洩我的不滿。這件事恐怕在她心中留下了深深的傷痕，從那之後，她再也沒有回應我的聯繫。我心想：「我們都認識這麼久了，不會因為這點小事就斷了關係吧？時間過了，一切都會變好的吧？」但直到現在，20多年過去了，我仍然無法聯繫上她。

　　每當想起那件事，我就感到無比後悔。為什麼我要對一個如此珍惜我、溫暖地對待我的朋友說出那些傷人的話？如果當時我能不那麼情緒化，多給一些時間等待問題解決，狀況是否會有所不同？

　　人際關係中，似乎都存在著一個「無法挽回的地雷」。無論再怎麼後悔、再怎麼祈求對方的原諒，只要踩到這個地雷就難以彌補。遺憾的是，我是在傷害了朋友並因此與朋友疏遠了以後，才明白這個道理。

　　從那以後，我變得非常謹慎，不再越過極端的界線。因為我現在知道，說出口的話無法收回，有時候那句話甚至會變成

一把刀,深深地傷害對方。

　　儘管如此,人際關係對我而言仍然是個難題。我大多時候都很理性,很明顯地感受到自己缺乏對人的同理心。比起用心感受,我更常用頭腦運作;在表達情感方面顯得笨拙,有時甚至難以忍受肉麻的場面。但我認為,人際關係仍然是值得努力的課題。因為倘若沒有那些信任我、鼓勵我的人們,就不會有現在的我。

▶ 工作時的態度,決定你在職場的評價

　　我 30 歲出頭時曾發生過一件事。當時我的夢想是成為一位專業的分析師,公司卻突然建議我放棄分析師的職位,轉而擔任請求經理(Request Manager,是定期或隨時彙整、制定資產營運公司所需資料的職位)。我急著想成為一名受人認可的分析師,每天加班到深夜,甚至連週末也馬不停蹄地工作,但公司似乎並不認可我,讓我感到很難過也很挫折,懷疑自己是否並不具備擔任分析師的資質。

　　然而,我的組長知道這件事後,立刻跑到高層辦公室表示:「朴昭娟不是那樣的人。我保證一年內讓她成為最佳的分析師。」他如此誇下海口來保護我。聽聞這件事後,我感激得痛哭流涕。沒有其他人相信我,我自己也不曉得能否回報這份信

任，但我的組長卻賭上他的名譽來保護我。我算哪根蔥？老實說也不確定自己能否做得好，會不會害得組長顏面盡失……我很擔心害到他，所以更全力投入工作中。結果，奇蹟發生了，恰巧一年後的 2011 年下半年，我在最佳分析師評選中獲得了市場行情部門的第一名。當時的那份狂喜，我至今難以忘懷。我一直想證明自己不會辜負組長對我的那份信任，好險我也真的遵守了那份約定，我為此感到十分欣慰。

在我就讀經濟學研究所時，也發生了類似的事情。歷史學專業出身的我卻選擇在證券公司工作，我對許多事情都一無所知，導致自信心日漸低落。很多人對我投射懷疑的眼光，認為我不是相關科系出身，質疑我能否勝任這份工作。於是我心想「不如去讀個研究所吧！」沒想太多就直接報考了。但當我真的被錄取後，發現要兼顧工作和研究所學業並不容易。

即使我一再承諾不讓課業影響工作，但在某些方面仍難免出現空缺。我覺得公司不會輕易答應，所以我在向公司開口前，甚至做好了得離職的覺悟。我說，我會透過晚間和週末加班來彌補，希望公司能允許我週間去上研究所課程。

不過，當時的部門經理很爽快地答應了。後來，我還結婚生子，中途多次休學，但最終順利完成了學業，這都要歸功於當時上司們的全力支持。

不僅如此，回首當年，我還犯過許多錯誤，每當想起來就

會感到羞愧難當地崩潰道：「我當時到底在幹嘛？」為了表現得豁達大方，我勉強去做一些超乎自己能力的事情，闖了很荒唐的禍；因為無謂的自尊心與分析師前輩大吵了一架，整整一個月都沒有跟對方說話。

每當我闖禍時，總有些前輩們在教訓我的同時，依然給予我溫暖的包容。如果那時沒有他們的包容，想必我早已半途而廢、離開公司，也不會有現在的我。因此，我也想像那些前輩一樣待人，但當我真的到達那個位置時，才發現這有多麼困難。不對啊！我如此渺小不足，前輩們卻願意信任和鼓勵這樣的我，我真的太佩服他們了。就算無法達到前輩們的高度，我希望自己至少能成為可包容他人錯誤的人，但就連要做到這點也並不容易。

無論妳是上班族還是自由工作者，出社會後總會遇到無數的人。特別是在工作場合遇見的人，有時候為了達成妳想要的目標，當對方與妳意見不合時，可能會心生不滿甚至發生爭執。**但不管處於任何情況，都不要因為想把工作做好而隨便對待他人。**請不要忘記，人際關係中存在著一個「無法挽回的地雷」，無論何時都應該有禮貌地對待他人。此外，當妳在工作中遇到願意信任和鼓勵妳的人時，不要認為這是理所當然的，而是要懂得珍惜這些人。這麼一來，當妳悲傷時，他們會安慰妳；當妳快樂時，他們也會真心為妳高興。就和這些人一起走

下去吧！

　　前年，我離開了工作近 15 年的公司，轉換到另一份工作。6 個月後，前公司的研究中心主任來我公司附近約我吃午飯。吃完飯後，我們坐在陽光照射的窗邊喝茶聊天。主任詢問我：「妳過得如何？新公司怎麼樣？」我回答道：「我負責資產配置，很有趣。我想要接受公司的培訓而主動申請，他們很爽快地同意了，所以我現在正在接受培訓。」主任聽完後，拍拍我的背說：「妳過得好就好。」然後便轉身離開。望著他的背影，我的心情突然變得很激動，眼淚撲簌簌地落下。他是真心關懷我，讓我感激不盡，不曉得該如何回報這份恩情。

〔就業＆轉職〕

應徵時比起學經歷，態度更重要

　　回溯過往，我之所以會從媒體業轉到證券業單純是出於好奇心。寫金融報導時，我感覺在證券公司上班應該更有趣。但實際進入證券公司後，發現自己對經濟和股票的知識有限，適應起來非常不容易。不論做什麼都畏畏縮縮且缺乏自信，一切都難以上手。再加上當時在證券公司工作的女性很少，大部分的人都認為我撐不了多久就會離開。

　　某天，我見到了一位許久未見的朋友，她問我：「工作怎麼樣？還順利嗎？」

　　我簡單地笑著回答：「唉，不知道耶！工作很困難，我只能撐著。如果做不下去，我就放棄去準備教甄好了。我以前不

是很喜歡教小孩子嗎？也曾經想過要當老師。」

　　然而，朋友的臉色立即變得嚴肅。她剛好是名教師。

　　她說：「妳或許覺得老師這個職業是只要想做，就隨時可以勝任的簡單工作，但對我來說，那是經過無數努力，好不容易才得到的寶貴飯碗。而且，我也有想好好教導學生的使命感，聽妳說得這麼輕描淡寫，讓我很難過。」

　　慘了！我瞬間發現自己說錯話了。我馬上道歉，說自己無意貶低教師這個職業，幸好誤會有解開，但朋友說過的話讓我難以忘懷。「如果做不下去，就去當老師吧！」這種想法就跟腳踏兩條船沒兩樣，也代表我做事的態度很隨便。這般模稜兩可的態度，不僅對我的朋友和所有教師是一種冒犯，其實也冒犯了那些在證券業每天全力以赴工作的人們。

　　意識到這一點後，我對自己感到非常羞愧。不懂就應該想盡辦法、狠下心來認真學習，為了多加了解而努力，但我明明什麼努力都沒做，只是一直覺得很辛苦，一心想著再不順利就要離職。

　　那次的經歷讓我重新審視自己的工作。拋開腳踏兩條船的態度，決心要以這份工作謀生並為此全力以赴。從那之後我便以「無論是成是敗，先試著堅持到底」的覺悟開始拚命工作。

　　改變了對工作的態度後，我不再怨恨那些在背後竊竊私語、認為我撐不了多久的男性前輩們。相反地，我產生更多動

力，想向他們展現自己的韌性和成長。幸運的是，工作並沒有
背叛我。當我拚了命付出努力後，開始逐漸看見以前看不見的
東西，也開始出現一些投資者，在投資前會先尋求我的意見。
雖然我並沒有在起跑點就嶄露頭角，而是花了漫長的時間才獲
得這般的信任，但我也因此變得更加堅韌。

　　如果當時沒有發生那件事，我會變得如何呢？我可能永
遠無法意識到自己的態度問題。沒有好好努力一回，就草率地
認為證券業不適合我；或是怪罪證券公司的文化不利於女性生
存，選擇離開這個行業。其實，能力不足並非大問題，自己是
否願意全力以赴、跟那份工作糾纏到底，才是決定成敗的關
鍵。

　　最近公司在招聘員工時，擔任面試官的我發現擁有華麗履
歷的人非常多，四處都是能力出眾且能立刻上手的人才。我甚
至產生「如果我現在跟這些人一起面試，我應該在第一輪書面
審核時就會被淘汰吧？」的想法。

　　即便如此，挑選第一輪的合格者並不困難，因為一味地強
調卓越能力和華麗文憑的履歷和自我介紹，我都會立刻淘汰。

　　曾經有位第一次擔任面試官的後輩詢問我：「前輩在挑選
人時，最重視什麼？」

　　「比起能力，我會更留心觀察他的態度是否良好。」我回
答。

　　聰明但不謙虛的人，總認為自己比別人優越，堅信自己的判斷是正確的，因此他們不願向他人學習，很難「適應」職場。毫無根據的自信感讓他們固執己見，使得周圍的人感到很疲憊。漸漸地，他們身邊的人越來越少，最終沒有人願意與之共事。

　　反之，不那麼聰明卻謙虛、勤奮的人，他們身邊會吸引許多人一起共事，互補不足之處且相互學習，因此能力會像滾雪球一般快速增長。這些人認為自己可能會出錯而積極尋求他人的意見，努力做出最好的選擇。實際上，我看到很多態度良好的員工，在三到五年內成長到令人刮目相看的程度。

　　諾貝爾經濟學獎得主詹姆士・赫克曼（James J.Heckman）也說過，比起「聰明和成績好的人」，擁有「軟技能」（Soft Skill），即「人品好的人」，其成功機率更高。聰明的人也許一開始能暫時表現出色，但最終還是會由品德良好的人獲得成功。為什麼呢？若想將所學應用在實戰上，總是需要機會；妳獲得的機會次數多寡，與妳所擁有的社交網絡成正比，而沒有良好品德的人，絕對無法建立良好的社交網絡。

　　此外，世界變遷的速度之快，使得近年來由多位優秀人員協力創造的成果，遠遠比起倚靠單個天才產出的成果還要突出。正因如此，不僅是我，許多企業在招聘人才時，不會只看聰明才智，而是會挑選態度良好且勤奮的人。

▷ 比起華麗的履歷，態度才是選才關鍵

　　事實上，根據徵才網站「SaraminHR」（原文為사람인，人力資源的意思）針對 390 名企業人資負責人的調查顯示，最想聘請的新人類型中，態度良好且有禮貌的「正直生活型」位居第一；而根據人資科技（HR tech）公司「Incruit」（原文為인크루트，韓國的招聘網站）針對 831 家企業人資負責人的調查結果顯示，他們期待新人具備的素質中，排名第一的是「願意學習的態度」，排名第二的則是「人際關係和溝通能力」。

　　對於有職場經驗的應聘者，只要調查其過往的聲譽評價，即可了解他的工作態度。來自前公司共事過的同事或上下級的評價，往往比妳想像中還要冷靜客觀。無論履歷和自我介紹寫得多麼出色，如果聲譽評價分數過低，也無法錄取。反之，假如所有曾經共事過的人都一致推薦「他是個有能力又很棒的人」、「我推薦他」，那麼就算原本對這個人沒什麼想法，也會突然產生興趣。

　　因此，比起急著在履歷上多寫一行字，不如靜下心來反思自己是否擁有良好的態度？是否為了追求即時的成果而忽略了人際關係？若妳能對於認識的所有人都保持開放的學習態度，即便現在的妳毫不起眼，兩三年後也一定會出現想與妳共事的人，而這些人肯定能帶給妳新的財富機會。

〔愛情＆婚姻〕

不要為了結婚而結婚

某天在餐桌上吃飯時，妳突然問我：「媽媽，妳希望我結婚嗎？」

我一直認為妳還小，沒預料到會突然問這樣的問題，心裡感到有些慌張。不過，我從以前就有許多話想對妳說，所以我這樣回答了：「如果有適合的人就結婚，如果沒有遇到，也不一定要結婚。」

若想度過幸福的婚姻生活，雙方的個性和價值觀必須相符，要能補足彼此的缺點。結婚與否並不重要，更重要的是有沒有遇到這樣的好人。

最近十年來，我認為社會上最大的變化之一是，越來越多的人覺得沒必要結婚。尤其不少的女性後輩都認為「結婚對女

人來說很吃虧」。不論誰對誰錯，在我們的社會裡，家務和育兒仍然被視為女性的責任，而男性則被認為是在「幫忙女性」，因此女性對結婚抱有負面的看法也不足為奇。此外，結婚會延伸出許多的關係。特別是現在許多女性都在核心家庭中長大，人脈通常不廣，對於突然擴增的關係並不容易適應。要照顧自己已經夠忙了，婚後還要照顧婆家和娘家，壓力自然不小。

　　但是，男性後輩們又有另一種說法。他們認為，要養活自己一個人都不簡單了，結婚後還要負責養家，壓力更大。雖然有點孤單，但他們寧願生活得更輕鬆自在一點。

　　這樣聽來，婚姻似乎是個奇怪的制度，對男女雙方都沒什麼好處。然而，如果妳說想結婚，我並不打算阻止。因為我遇見妳爸爸之後，感受到溫暖的愛意，圓滑了我因情感匱乏而產生的稜角，並在養育妳和弟弟的過程中感受到人生真正的幸福。最重要的是，妳、爸爸和弟弟成為我的「家人」、成為我生活的支柱，是我非常感激的存在。自從外婆去世後，我那缺乏母愛的空虛人生，是因你們而變得有意義，你們對我而言是如此珍貴。

　　今年我和妳爸爸就相識滿二十年、結婚十八年了。也許妳會感到很訝異，其實我們並非從一開始就很合拍。結婚的頭一年，我和妳爸爸每隔一天就吵架。為什麼吵架呢？我自以為很了解談戀愛時的他，但結婚後才發現，我對他有很多不理解之

處，特別常針對他喝酒晚歸的問題起爭執。妳爸爸嚴正地主張「喝酒也是社交的一部分」，而我則主張「如果每天都要靠喝酒到凌晨兩三點才能成功，那就是錯誤的社交方式」。我和妳爸爸為此吵得非常兇。

但是某一天，我突然產生了這樣的想法：我一直認為如果老公愛我，就應該聽我的話，但這真的是愛嗎？我是否以愛為由，試圖把老公視為自己的所有物、任意擺布呢？直到那時，我才意識到妳爸爸和我是完全不同的人。雖然我很愛他，但他真的跟我很不一樣。我怎麼會因為結了婚，就認為他應該被我馴服呢？我很喜歡老公自由展翅飛翔的模樣，但我卻試圖束縛他的翅膀。

心理治療師米拉・科申鮑姆（Mira Kirshenbaum）曾說過：「結婚代表一個有缺點的人進入了我的生活。」**結婚就等於兩個不完美的人相遇，所以不要期待彼此都很完美**。然而，我卻期待妳爸爸變得更完美，當他無法回應我的期待時，我便感到失望和憤怒。明明我自己也不完美，卻希望他很完美。

為什麼我看不見自己的不足，盡是挑剔妳爸爸的缺點呢？每次激烈地吵架後，總是由他先道歉、先說愛我，我真的很感謝他，也產生了一個念頭：這個我在戀愛時曾深愛過的人，我想守護他，讓他活出自我。

神奇的是，從我產生這個念頭後，我和妳爸爸之間的爭吵

次數便大量減少。我不再干涉他的喝酒應酬，放他自由；而妳爸爸從某天開始，最晚也會在十二點前回到家。這是我們大聲吵架時無法想像的和平。那時我才明白，為何托爾斯泰會說：「幸福的婚姻生活，不在於多麼地和睦相處，而在於能夠承受多少的不合。」

結婚後，夫妻必須不斷地調整彼此不合之處，這是維持珍貴愛情的唯一方法。然而，這談何容易。即便遇到一個很棒的人並與他結婚，在共同生活的過程中仍會發現許多跟妳想像中有落差的地方。此外，也隨時可能面臨意想不到的疾病、家庭問題、經濟危機等困難。

然而，人們卻希望自己的生活中只有好事發生。因此，當不好的事情來臨時，人們往往驚惶失措、沮喪，最終陷入絕望。假如將來妳猶豫是否要跟某個人結婚，不妨先問問自己：當婚姻中出現意料之外的「利空」（股票術語，即能影響股價下跌的種種因素）時，那個人是否會選擇埋怨妳，或承擔不了辛苦而鬆手逃走？

有一項針對離婚後恢復單身的男女所進行的調查，在詢問他們「對前配偶最失望的地方是什麼？」時，排名第一的答覆為「看不見他／她的努力」。由此可見努力的重要性。

如果妳對對方有信心，相信他會想盡辦法、努力克服困難，那麼與他結婚也無妨。不過，妳也必須下定決心，無論面

臨何種情況，都要願意與對方一起努力。不能自己什麼都不做，只是一味地期待對方幫妳解決所有問題。法輪禪師（Venerable Pomnyun Sunim）曾經說過：「『結婚與否』並不重要。重要的是，若結了婚就要努力讓婚姻幸福；若單身，就要努力度過幸福的單身生活。**一個人是否幸福，與他是否結婚毫無相關。**」

▶ 對金錢的看法、價值觀，能看出彼此是否適合

有一次，我曾問妳爸爸：「為什麼選擇跟我談戀愛、結婚？」他如此回答：「妳腳踏實地生活的樣子看起來很美。」

我開玩笑地嚷嚷道：「我美麗的地方只有這樣嗎？」但其實我並不討厭這個回答。在他眼中，我踏實生活的模樣很美，聽了怎麼會不高興呢？雖然我從未想過要倚靠男人來度日，但也很難完全擺脫「因為妳是女性……」的偏見。

妳外公擔心女人太聰明會讓男人有壓力，因此我從首爾大學畢業後，打算繼續讀研究所時，最先反對的人就是妳外公。為什麼女人不能很聰明和很有能力呢？也許正因如此，我年少時非常討厭自己是女性，多希望自己是男的，為什麼偏偏要誕生成為女性，承受這些不公平的待遇？

然而，妳爸爸並不認為我讀研究所使他很有壓力；反之，

他總是稱讚我很帥氣、為我感到驕傲。我因此非常喜歡他。當我聽到「妳這樣不像女生」這種話時，多虧有妳爸爸，才讓我不再產生自卑情結。

　　仔細想想，打從一開始，妳爸爸便很單純地接納「朴昭娟」這個人原有的模樣。老實說，第一次在相親場合見到他時，我根本沒想過會和他交往，更不用說結婚了。當時，我只覺得他和我是兩個完全不同世界的人。

　　直到妳爸爸說他的興趣是看房子，還提到比起「已經賺到的錢」，他覺得「即將賺到的錢」更有趣，這引發了我的好奇心。於是我們自然而然地每週末都一起「看房約會」，跟妳爸爸玩耍的時光真的非常有趣，更重要的是，他讓我感覺「這個男人是關心經濟的」，因而能得到經濟上的安全感。也許就是從那時起，我突然產生一個念頭，認為和妳爸爸結婚是個不錯的選擇。

　　哲學家尼采曾經說過：「結婚前先問問自己，年老後還能和對方暢快地溝通嗎？婚姻生活裡除了溝通，其他都是暫時的。」從這個角度看，我和妳爸爸很會彼此「拋梗接梗」。到現在我依然覺得跟他聊天很有趣，即使老了，我們仍然會有許多話題可以聊。隨著年齡增長，我更加認為找到一個「能溝通的人」非常重要。

　　若想溝通順暢，彼此的價值觀必須非常相似。有些人認

為獲得社會上的成功很有價值，有些人則更重視幸福家庭的建立。每個人的人生中都有一些不願意妥協的核心價值，而這些價值必須相似，才能朝著相同的方向前進。就這個層面而論，我和妳爸爸在看待「金錢」方面的價值觀很相似。我們都希望能早日累積足夠的財富，達成經濟上的穩定，不想被金錢牽著鼻子走。因此，我在公司認真累積職場經驗的同時，也沒有輕忽理財的研究。最重要的是，在累積和增值財富的過程中，我和妳爸爸總是敞開心扉地誠實分享彼此的想法。

當妳與人交際時會發現，談論金錢時絕對需要謹慎。對任何人來說，金錢都是非常敏感的話題。因此，若想談論金錢，彼此之間需要先累積足夠的信任和親密感。假如剛交往一個月就問對方「你有負債嗎？」大多數人並不會老實地承認；而且，這種提問本身就很失禮。

也許正因為這種顧忌，我發現許多女性後輩在婚前對於男方的工作和薪水只掌握個大概，甚至婚禮都辦完了，還未曾開誠布公地討論過金錢問題。有些人在結婚後才發現丈夫有數億韓元的債務，還因此鬧到要離婚。

如果妳與對方約定好要透過結婚成為經濟共同體，那麼雙方就必須坦誠地討論各自的經濟狀況。這裡的經濟狀況不單指父母留下的遺產、個人儲蓄、每月的薪水等啟動現金的能力，還包含了廣義的「經濟觀念」。因為就算領同樣的薪水，有人

選擇存入銀行，有人選擇消費，有人則選擇投資在好的地方，而這樣做了6個月之後會產生天壤之別的結果。

因此，若以結婚為前提來交往，公開並統一彼此對金錢的看法是非常重要的過程。如果妳考慮要結婚，希望妳一定要跟對方談論金錢議題。對方是如何存錢、如何花錢的？透過談論這些話題，將會看清楚對方的人生觀。

就算現在對方不富有，這並不構成問題，甚至很窮也無妨。重點在於，對方是否願意開誠布公地與妳「談論金錢」，也願意與妳一起商量未來賺錢和用錢的方式。

人生中，遇見「對的時機」很重要。假如妳行走在生命中險峻的道路上，遇到了一個不會放開妳手的人，他能夠坦白地與妳討論金錢問題，也能夠平等地對待妳，那麼無論妳的情況如何，都絕對不要錯過這樣的人。但是，如果沒有遇到這樣的人，也不必為了從眾而急著想結婚。**為了結婚而結婚只會招致後悔**。此外，只要持續度過美好的生活，肯定會出現一位能看見妳美好之處的人。

倘若妳不想結婚，那也無妨，但我希望妳能多認識一些人，男女都好。人生中最有價值的經驗，就是付出愛和被愛。所以，即使推開婚姻，也不要推開愛情。我真心期盼妳能無怨無悔地付出愛和被愛。

〔處世之道〕

不勉強自己跟討厭的人變熟

在社群媒體上，遇到討厭的人可以直接封鎖；在某些聚會中遇到討厭的人，只要不再參加那些聚會就沒事了。然而，職場上很難這樣做。不管喜歡與否，都得和對方一起工作、一起吃飯，甚至一起喝酒，無法因為不想見到對方就不見面。當然，只要離職就可以不用再見到對方，但如果工作和薪水都很滿意，卻因為一個討厭的人而離職，實在太可惜了。更大的問題是，任何組織中都有一定數量的怪人存在。

分析師這個職業必須與許多人打交道，所以我的 Remember APP（編按：此為韓國的名片管理應用程式）中存有超過 1500 張名片。若連同剛出社會時認識的人都算進去，這個數字肯定

會更高。認識了這麼多人，有時也不得不與一些自己無法理解的人共事。起初，這讓我產生極大的壓力，但漸漸地，我學會了如何與他們共事，也掌握了一些要領，之後工作起來就輕鬆許多。

如果妳也遇到了一些讓妳不喜歡的怪人，並因此覺得去公司上班很辛苦，希望妳可以參考以下建議：

▷ ❶ 不必刻意與人變熟

韓國作家金愛爛的短篇小說〈風景的用途〉中有這樣的一句話：「大人有什麼不同？能和自己不喜歡的人和睦相處，這就是大人。」這裡的「和睦相處」並不代表要全心全意投入那些關係。對於人生中不重要的人，沒有必要浪費自己寶貴的精力。不需要勉強自己與討厭的人和睦相處，沒有出於真心的努力，只會讓關係變得更加尷尬。

人際關係就是如此，有些人做什麼都很合得來，而有些人無論再怎麼努力卻都合不來。心理學家表示，遇到 100 個人，通常會有 10 個人不喜歡你。所以，不要因為有人不喜歡你而過於走心，也不要埋怨對方。首先要接受一個事實：無論妳再怎麼努力，對方依然可能會不喜歡妳。與不合拍的人保持適當距離，盡量減少接觸，只簡潔有力地處理工作上必要的合作也是

一個方法。不用很親近也能維持尊重彼此的距離，這類的工作方法比妳想像中還要多。

▶ ❷ 對事不對人，將不喜歡的人與工作區分開來

　　有些人會刻意把討厭的情緒表現出來，希望對方能察覺到並為此感到不快或憤怒。每當看到這樣的人，我都會感到很惋惜。因為，明明只要安靜地討厭對方就好，絲毫不會構成問題，但若刻意表現出來，就會讓對方變成敵人。公司裡的競爭已經夠激烈了，沒有必要多樹立一個敵人。此外，如果講話時被人打斷，或者被擺臭臉不回話，任誰都會心情不好。這樣毫不掩飾地表現出討厭對方的行為，無異於放棄對人的基本禮貌。但這也不代表你需要討好對方，而是不管再怎麼討厭對方，也要遵守對人的基本禮貌。

　　與討厭的人共事，心裡難免會不舒服，但工作就是工作，不應該摻雜過多的情緒。就算你不喜歡上級主管，但身為團隊的一員，還是得做好自己分內的工作。還有，不論再怎麼討厭某些人，也不要公然在別人面前說三道四。有時妳會發現，那些愛在妳面前說他人壞話、中傷別人的人，去其他場合也會說妳的壞話。心中很難過，卻也無可奈何。不曉得該說慶幸還是不幸，但我很少看到愛在背後說閒話的人過得很順利。因為人

們在本能上，不會信任那些愛說他人壞話的人。

▶ ❸ 讓每一次離職都加分

　　說了這麼多，和討厭的人在同一個空間共事仍然不是件容易的事。我曾經因為太過辛苦而向妳爸爸吐苦水，那一天他對我說：「在我看來，如果以下三個條件中有一個讓我很滿意，那麼這家公司有很大的機率是值得待下去的。第一是工作，第二是年薪，第三是同事。這三個條件中，妳不滿意的有幾個？」

　　當時的我仔細思考：有時雖然工作內容很辛苦、薪水也不甚滿意，但有許多值得學習的好同事，因此克服了不少危機；有時感到辛苦的原因是出於人的問題，但工作內容很有趣且績效好，薪水也逐漸增加，所以產生了繼續努力下去的動力。

　　倘若妳深陷於人際問題，提離職跳槽也不失為一個辦法。我記得有位前輩曾經說過這樣的話：「領薪水的上班族永遠是乙方。你只有極少數的機會可以成為甲方，即選擇去公司就職以及遞交辭呈的時候。」

　　我曾經轉職過三次，其中有一次是因為人際關係困擾而提離職。幸運的是，在我轉換的新公司中，與同事相處得很融洽，工作也進展很順利。不過，當時我並非毫無對策地遞交辭

呈。正好在人際關係的壓力達到頂點時，我收到了跳槽的邀請，覺得是個好機會。而且，我在公司已經全力以赴地工作了，即便離職也不會後悔。正因如此，我才能毫不猶豫地遞交辭呈。

　　妳隨時都可以離職，只要心意已決，今天就可以表明離職的意志。但為了不後悔，必須要讓「遞交辭呈」這個舉動成為最棒的選擇。**當有人用挑剔的眼光看妳或討厭妳時，對他最好的報復就是度過成功又幸福的生活，讓他無法輕視妳。**因此，如果有人讓妳深感痛苦，試著找出不受對方影響，且能讓自己綻放笑容和幸福的方法吧！只要去找，就一定會找到答案。

　　倘若妳深思熟慮後認為「辭職」是唯一的答案，而且也有了後續的計劃，那麼就勇敢地提離職吧！我會支持妳的。

成為自己，而不是模仿別人

1960 年代冷戰達到高峰時，在美國和蘇聯的太空競賽中，美國憑藉 NASA（美國國家航空暨太空總署）的第一個載人太空飛行計劃——水星計劃（Project Mercury）獲得了勝利。當時，NASA 的職員為了發射太空船，必須手動進行大量的計算。如今，我們只要運用電腦或智慧型手機，就可以瞬間完成靠人腦難以計算的複雜數學，但當時並沒有電腦，只能以人工計算。

當時擔任計算員的職員當中，有極具天賦的數學家凱薩琳·強森（Katherine Johnson）、奠定 IBM 電腦基礎的程式設計師天才多蘿西·沃恩（Dorothy Vaughan），以及 NASA 的首位黑人女性工程師瑪麗·傑克遜（Mary W. Jackson）。她們為水星

計劃做出了巨大貢獻，但她們的事跡直到電影《關鍵少數》（Hidden Figures）上映後才為世人所知。

這些人有個共通點，她們既是黑人又是女性。然而在 1960 年代，黑人和白人同在一個教室上課的難度，比人類進入太空還難。當時美國的種族歧視非常嚴重，黑人搭公車時若不讓座給白人，就會被趕下車；白人餐廳不為黑人服務，黑人在公共建築、廁所、餐廳、醫院等場所都必須使用不同的入口或無法進入。針對女性的性別歧視更是不言而喻。

當時的 NASA 也不例外。由於她們是黑人，必須使用距離辦公室 800 公尺遠的有色人種專用廁所；因為她們是女性，無法參加重要會議，甚至連咖啡壺都不能跟白人共用，只能使用有色人種專用咖啡壺。

因此，凱薩琳·強森雖然連 NASA 核心幹部無法解開的數學公式都能解開，卻無法在報告書上署名；多蘿西·沃恩即使通宵達旦地工作並有出色的領導能力，在升遷時卻屢屢受挫。瑪麗·傑克遜也一樣，雖然實力出眾，卻無法成為工程師。

但是，她們並沒有向偏見和歧視低頭。凱薩琳·強森最終得以與白人使用同樣的廁所。更重要的是，她成功算出無數男性都失敗的計算法，為人類的登月探索做出了輝煌的貢獻。IBM 電腦引入後，許多計算員面臨失業的危機，但多蘿西·沃恩憑藉敏銳的判斷力和執行力學會 IBM 電腦的操作。她不僅

拯救了自己，也因此拯救了許多面臨失業危機的女性員工，成為 NASA 首位黑人女性主管。瑪麗‧傑克遜的夢想是成為工程師，但若想成為工程師，必須在只招收白人的學校上課；在她被迫放棄夢想之際，她向法院提交入學請願書，經過漫長的鬥爭，終於成為首位在白人學校上課且成功成為工程師的黑人女性，寫下新的歷史。

看完電影後，我對於海報上的「天才無關種族，堅韌無關性別，勇氣無關界限」深感認同。電影中的主角們因黑人和女性的身分而遭受嚴重歧視，但她們並沒有因此心想「這個社會、這個世界就是這樣，我無能為力」而提前放棄。她們並沒有抱怨白人男性同事、組織和這個世界，而是專注於自己能做的事。她們以行動證明，就算是黑人、是女性，也充分可以勝任任何工作。

看著她們，我想起了美國投資者傑羅爾丁‧魏斯（Geraldine Weiss）。出生於 1926 年的她，畢業於加利福尼亞大學伯克萊分校（University of California, Berkeley）。早婚的她為了實現成為分析師的夢想，在 30 多歲的年紀開始找工作。然而，她屢次被拒。當時，結婚後仍在社會上工作的女性非常罕見，而且投資界普遍認為女性的感性面大於理性面，無法做出冷靜的判斷，不擅長處理金錢。

然而，她並沒有因此放棄。在 1966 年，年滿 40 歲的她創

辦了《投資質量趨勢》（IQT:Investment Quality Trends）電子報。為了避免大眾發現她是女性而沒人訂閱，她使用了「Mr. Weiss」和「G. Weiss」這些假名，偽裝自己是男性。這份電子報在投資者口中獲得卓越的評價，人氣水漲船高；10 年過後，她於 1977 年登上了電視脫口秀。當她在脫口秀中亮相時，讀者們因她真實的身分為女性而大感震驚，但讀者們已經從她提供的投資情報中獲得豐厚的報酬，所以並不介意。最終，她打破了「女性不適合做投資家」的社會偏見。當社會不提供工作給她時，她靠一己之力創造出工作，證明了自己的能力。正因如此，她是最常被世人提及的美國首位女性投資家。她在接下來的 20 年中持續發行電子報，直到去世後，這份電子報仍然在發行。

▶ 提升自己的實力，才是生存的硬道理

不論是誰，只要受到歧視都會感到委屈和不公。在那種情況下能不感到挫敗，默默地繼續追求目標和夢想並非易事。

這不禁讓我回想起剛踏入證券業時的情況。當時證券公司裡女性高級主管十分稀少，更缺乏可以作為榜樣的成功案例。因此，我每天都戰戰兢兢、慌張不已。不想聽到「妳是女性所以做不好」這種話，但總覺得前輩們對我敬而遠之是因為我的性別。

　　與此同時，我注意到了抽菸文化。部長、科長、代理和男性前輩們似乎都會在抽菸時分享很多重要的公司情報，比如最近哪個部門業績好、哪個部門的部長可能會成為下一任高管、想進去那個部門的人已經多到在排隊等候了等等的情報。於是，我甚至產生「莫非我也要學抽菸嗎？」的想法，因為我總感覺自己錯過了很多重要的訊息，被排斥在外。

　　有一天，不抽菸的我跟著抽菸的前輩們一起去了屋頂。我發現那裡煙霧瀰漫，整個吸菸區都是刺鼻的菸味，即使只待一會兒，頭髮上也沾滿了菸味。男性前輩們啜飲著自動販賣機的咖啡，仔細聽他們的對話，大多是跟工作無關的閒聊。不知道是因為我在場他們才這樣，還是平常就是這樣閒聊。無論如何，我毫無收穫地空手而歸，唯一帶回來的是滿身的菸味。還記得那一整天，我為了忍受身上的菸味，吃了不少苦頭。

　　雖然這只是件小事，但透過這件事讓我第一次意識到：我很難複製男性慣用的方法在公司競爭和工作。後來，我觀察周遭的人，發現有些男前輩也跟我一樣不抽菸。我更進一步意識到，也許我只是過於急躁、被害意識太強。從那時起，我決定不讓「我是女性而被差別待遇」的被害意識影響我的工作，而是要以最適合自己的方式來獲得認可。

　　回想起來，那時的我似乎十分羨慕其他人擁有我沒有的東西，只在意旁人們的眼光，忽略自己的標準，總是配合別人的

標準行動、試圖模仿他人的生活；過著沒有自己的生活，盲目地跟隨他人的影子，但其實根本不需要如此。每個人都有與生俱來、與眾不同的天賦和能力，若企圖模仿別人生活，不僅無法追上他人，還會在過程中失去自我。

被稱為「第二個劉在錫」、「第二個白種元」、「第二個華倫‧巴菲特」、「第二個尹汝貞」的人生，真的會幸福嗎？**追隨他人的影子，最終只能過著「影子人生」。**

年近 50 的我，終於明白為什麼「五十而知天命」。如字面上的意思，知天命是指「了解上天的命令」。自己的定位為何？自己擁有什麼樣的器皿？上天讓我誕生到世界上，是為了讓我度過何種生活？而我在這個世界上又該扮演何種角色？我到了現在這個年紀，才終於稍微明白了些。

假如當時我學會抽菸而跟男性前輩們混得更熟，或許在公司的生活會更容易一些，卻不保證能真正實現自己的願望。因為即使擁有很多公司情報，有奪得先機的優勢，但公司終究還是以「結果」來評判價值。

公司重視的是「達標」，目標在於有所收益和成長。因此，公司只能看成果來評鑑，而非過程。不論性別、性格外向或內向，每個人做事的方法和風格都不盡相同。所以，**若想在公司證明自己的存在價值，無關乎性別，每個人都必須交出漂亮的成績單**。就算待人處事的能力再怎麼出色，如果工作能力很

差，終究很難在公司獲得認可和扶搖直上。

電影《關鍵少數》的主角們和投資者傑羅爾丁・魏斯在面對各種偏見和歧視時，依然堅持不懈地前進，傑出的實力使她們終究取得了成功。她們以優秀的能力創造出卓越的成果，讓別人無法輕視自己，藉此克服了偏見和歧視。

無論妳做什麼工作，都可能會遇到持有偏見的人，因學歷、性別等因素而輕視或歧視妳。不過，我希望妳不要因此被擊倒。最重要的是，不要讓這些事情把妳困在狹小的框架內，進而放棄自己的目標和夢想。不要將妳的界限交給別人來界定，甚至對方都還沒開口批評，妳就自己嚇自己、限縮自己的界限；不要自我詆毀，認為「我做不到」、「試了也沒用」，而是先嘗試再做判斷吧！妳是真的做不到，還是其實可以做到？在妳付諸實踐之前，沒有人能曉得，甚至連妳自己也不曉得。

不要因為他人對妳投以充滿偏見的目光而畏縮，選擇模仿別人的人生。不管他人如何評價妳，妳都要勤奮地磨練實力，以成果來證明。只要能拿出成果，那些看妳不順眼的人也會來和妳握手。把事情做好的成就感能提高自尊，讓妳變得更強大。至少妳很清楚一個事實：不用花力氣去模仿別人，只要憑藉自己的方法，就能獲得成功。

〔人生目標〕

自信向前，就能活出想要的人生

有一個女人在結婚後，一直擔任全職主婦直到 34 歲。離婚後，她毅然決然地前往語言不通的美國紐約，在那裡學習美容技術。過了 5 年，她成為引領韓國髮型潮流的頂級髮型師，在韓國舉辦了首場髮型秀、興起短髮風潮，改變了 1970 至 1980 年代的美容界版圖，並被《Vogue》雜誌評選為「年度全球二十大頂級髮型師」之一。她就是葛瑞絲・李（Grace Lee）。某天我在看報紙時，偶然看到她說過的一句話，這讓我注意到了她。

「我希望我的葬禮不要充滿沉悶、淒涼和哀傷。我已經活得夠精彩了，還有什麼好悲傷和遺憾的？所以，不要用白菊花，請用粉紅色的玫瑰來裝飾，音樂也請放探戈或我經常聽的

曲子。提供給前來弔唁者的食物，也請不要用一般葬禮上販售的食物，而是要擬定一份真正美味的菜單，這個我還在構想中。」

她在 70 歲前夕突然被診斷出癌症，但她非常堅強。面對與癌症的抗爭，想必她自己也感到恐懼，但她反而對嚇得臉色蒼白來找自己的兒女們說：「這可能是最後一次了，想吃什麼就吃什麼，我們來辦場派對吧！」然後，她舉辦了住院派對。化療後，頭髮都掉光了，於是她把頭髮剪得極短，甚至表示：「若知道我的頭型這麼漂亮，我早該剪超短髮了，之前根本不需要堅持留長髮耶！」

按照她的遺願，遺照周圍環繞著她生前最喜歡的粉紫色玫瑰花，而靈堂其他空間也都放滿了粉紅色的花朵，葬禮上播放著優雅的音樂。她平時就常說：「死亡只是生命中的一部分，並沒有什麼特別的。」每個人生命的終點站都是迎接死亡，她希望來參加葬禮的人不要過於悲傷或憂鬱。

讀完那篇報導，我突然產生「希望我的葬禮也能這樣舉辦」的想法。只要把人生視為一趟旅行，就不用太嚴肅地看待，也不需要太過憂鬱。每次出遠門旅行時，旅行地的天氣並不總是晴朗。有時晴空萬里，有時傾盆大雨；有時陰天，有時狂風吹襲。然而，這並不會讓旅行變得無趣。即便有各種限制，陰天還是有陰天的好，晴天也有晴天的美，人生亦是如

此。我 21 歲時突然失去最愛的母親之後，雖然經歷了艱難又痛苦的歲月，但依然擁有許多光榮和美好的瞬間。我有了妳爸爸，也擁有了妳和弟弟，並且在公司工作了 20 多年，獲得各式各樣的精彩體驗。因此，我想在我的墓碑刻上「這是一段愉快的旅程」。

我的媽媽在 46 歲時離開這個世界。我從未想像過自己有一天會走到這個年紀，但當我也到達這個年歲後，我似乎懂了。如同我的媽媽一般，我隨時都有可能因意料之外的事故而離開這個世界。我唯一能做的，就是珍惜活著的每一刻。

哈佛醫學院教授阿圖・葛文德（Atul Gawande）在《最好的告別》一書中提到：「我們的終極目標不是要求善終，而是直到最後一刻都能好好地生活。」這句話很有道理。直到迎接生命盡頭為止，努力地過好每一天，這就是我所能做的最棒的事。

因此我在想，假如要舉辦我的葬禮，希望這場葬禮不要僅止於悼念我，而是能帶給妳和弟弟深刻的意義，因為你們還有餘生要度過。希望來參加葬禮的人，能這樣告訴喪母而悲痛不已的你們：「媽媽雖然不在了，但她非常愛你們。」希望妳和弟弟不要沉浸在悲傷中太久，能夠振作起來，持續走下去。

孩子，對於喜歡肢體接觸且感情豐富的妳，我總是沒能充分表達我的愛，我知道妳心裡的失落，但我希望妳不要認為媽媽不愛妳。能當妳的媽媽，我感到很驕傲，也非常感謝妳來到

我身邊。因此，每當妳說可以理解媽媽的忙碌時，我心裡總是想著：「這麼珍貴的寶石，怎麼會來到我身邊呢？」但同時我也感到內疚，因為妳明明可以像其他孩子一樣表示失落、要求我花更多時間陪伴妳，但妳卻沒有這樣做。

約莫在妳小學一年級時，有一次我和妳的朋友以及他們的媽媽們一起去購物中心玩。那時大家在玩捉迷藏，所有人都回來了，卻沒看到妳。我問孩子們妳在哪裡，他們說從中途就沒看見妳了。那一刻，天彷彿要塌下來了，可能會失去妳的恐懼襲來，當時我真的感覺快死了。我像失了魂般瘋狂地尋找妳，一圈又一圈地繞著購物中心放聲大喊妳的名字。

大約過了 30 分鐘，我在超市收銀台旁找到了妳。妳雖然一個人很害怕，卻努力忍住淚水，雙腳開得跟肩膀一樣寬，在原地直直地站著。我找到妳時，忍不住流下眼淚。我大喊一聲：「有真啊！」妳一發現我，便跑過來抱住我。

妳還記得，我後來詢問妳什麼嗎？「妳為什麼一直站在那個地方？」我如此詢問。

妳告訴我，之所以會站在原地不動，是因為在幼稚園裡學習到，如果和媽媽走散了，不要四處亂跑，應該在原地等待，否則更難找到媽媽。在那麼大的購物中心迷路了，我原以為妳會在某個地方嚎啕大哭，不過妳雖然很害怕，卻依然冷靜地按照學到的去做。妳實在太懂事了，就像個「小勇士」一樣。

　　未來的生活中，妳也許會遇到很多困難，等到某一天，我也必須要和妳告別，但我並不擔心妳。因為妳在年幼的 8 歲就如此勇敢且聰明，我相信未來妳也會繼續這樣一步步向前邁進。妳比自己想像的還要勇敢，所以，我對妳的未來充滿期待，我期待妳勇敢而自信地創造出自己的人生。

　　不過，當妳想哭時，請不要忍住眼淚，痛痛快快地哭一場，再重新振作就行了。無論過著怎樣的生活，倘若在妳生命的盡頭能說出「這是一段愉快的旅程」，那便足矣。

GOLDEN BRAIN
投資分析師媽媽的財富思維課
有錢才能有底氣活著！幫助打好金錢觀，活用每一筆錢

2025年2月初版　　　　　　　　　　　　　　　　　　定價：新臺幣430元
有著作權・翻印必究
Printed in Taiwan.

著　　　者	朴　昭	娟
譯　　　者	余　映	萱
副總編輯	陳　永	芬
校　　　對	陳　佩	伶
內文排版	林　婕	瀅
封面設計	Dinnder	

出　版　者	聯 經 出 版 事 業 股 份 有 限 公 司	編務總監	陳　逸	華
地　　　址	新北市汐止區大同路一段369號1樓	副總經理	王　聰	威
叢書主編電話	(0 2) 8 6 9 2 5 5 8 8 轉 5 3 0 6	總 經 理	陳　芝	宇
台北聯經書房	台 北 市 新 生 南 路 三 段 9 4 號	社　　長	羅　國	俊
電　　　話	(0 2) 2 3 6 2 0 3 0 8	發 行 人	林　載	爵
郵 政 劃 撥 帳 戶 第 0 1 0 0 5 5 9 - 3 號				
郵 撥 電 話 (0 2) 2 3 6 2 0 3 0 8				
印　刷　者　文 聯 彩 色 製 版 印 刷 有 限 公 司				
總　經　銷　聯 合 發 行 股 份 有 限 公 司				
發　行　所　新北市新店區寶橋路235巷6弄6號2樓				
電　　　話　(0 2) 2 9 1 7 8 0 2 2				

行政院新聞局出版事業登記證局版臺業字第0130號

本書如有缺頁，破損，倒裝請寄回台北聯經書房更換。　　ISBN　978-957-08-7590-4（平裝）
聯經網址：www.linkingbooks.com.tw
電子信箱：linking@udngroup.com

딸아, 돈 공부 절대 미루지 마라: 돈과 인생에 대한 가장 현실적인 조언 50
Copyright ⓒ 2023 by Park So Yeon
All rights reserved.
Original Korean edition published by Maven Publishing House.
Chinese(complex) Translation rights arranged with Maven Publishing House.
Chinese(complex) Translation Copyright ⓒ 2025 by Linking Publishing Co., Ltd.
through M.J. Agency, in Taipei.

國家圖書館出版品預行編目資料

投資分析師媽媽的財富思維課：有錢才能有底氣活著！幫助
打好金錢觀，活用每一筆錢/朴昭娟著．余映萱譯．初版．新北市．聯經．
2025年2月．288面．14.8×21公分（GOLDEN BRAIN）
ISBN　978-957-08-7590-4（平裝）

1.CST：個人理財　2.CST：投資

563　　　　　　　　　　　　　　　　　　　　　　　　　113020334